Die Welt der wilden Tiere

Philippe Dupont

Illustrationen:
Eric Alibert, Christian Broutin,
Denis Clavreul, Jean Chevallier,
Gismonde Curiace, François Desbordes,
Christian Heinrich, Gilbert Houbre,
Pierre de Hugo, Guy Michel,
Jeane Montano-Meunier, Sylvaine Pérols,
Philippe Vanardois

Otto Maier Ravensburg

Dickhäuter

Ein Elefant von vorn sieht fast
So aus wie ein Nilpferd von rückwärts.
Sie tragen beide schwere Last,
Manchmal pechwärts und manchmal glückwärts.

Sie tragen unter zementiger Haut
Viel Weiches und viel Zartes.
Wer richtig in ihren Rachen schaut,
Gewahrt es.

Sie lassen von Leuten, die außen weich,
Innen hart sind, sich erschießen.
Ich glaube: Ihr kommt ins Himmelreich,
Ihr Riesen!

                                        Joachim Ringelnatz

Dieses Buch gehört ....

Säugetiere, Vögel und Reptilien

Säugetiere, Vögel und Reptilien stellen die Mehrzahl der Wirbeltiere dar. Es sind Tiere, die ein Innenskelett haben und mit Hilfe von Lungen Luft atmen. Amphibien (Wassermolche und Frösche zum Beispiel) atmen erst mit Lungen, wenn sie ausgewachsen sind.

– **Art:** Löwen paaren sich nur untereinander. Sie stellen eine Art dar. Tiger, Leoparden und Wölfe dagegen sind andere Arten, die sich deutlich von den Löwen unterscheiden.

– **Die internationale wissenschaftliche Sprache**
Die Wissenschaftler geben den Tieren lateinische Namen. Erst steht die Gattung und dann die Art: *Panthera tigris* ist z. B. der Tiger, *Panthera leo* der Löwe. *Felis sylvestris* heißt Wildkatze.

– **Gattung:** Tiger, Löwen und Leoparden sind Arten, die viele Ähnlichkeiten aufweisen. Daher hat man ihnen einen Gattungsnamen gegeben: *Panthera*. Ozelots, Servale und Wildkatzen ähneln ihnen zwar sehr, doch sie brüllen nicht und sind kleiner. So hat man sie in einer anderen Gattung zusammengefaßt: *Felis*.

– **Familie:** Die Tiere aus den Gattungen *Panthera* und *Felis* haben einen geschmeidigen Körper, können ihre Krallen einziehen und bewegen sich wie Katzen. Daher faßt man sie in einer Familie zusammen: *Felidae* oder *Katzenähnliche*. Wölfe, Hunde, Schakale und Füchse sind eine andere Familie, die der *Canidae* oder *Hundeähnlichen*.

– Ordnung:
Die Felidae besitzen wie die Canidae ein Gebiß, mit dem sie Fleisch zerreißen können. Daher gehören sie der Ordnung der *Carnivora* oder *Raubtiere* an. Die *Primaten* wiederum sind eine andere Ordnung, die als gemeinsames Merkmal Hände mit flachen Nägeln und ein weit entwickeltes Großhirn besitzen: Lemuren, Affen und der Mensch.

– Klassen: Die Raubtiere haben ebenso wie die Primaten eine mehr oder weniger behaarte Haut, und sie säugen ihre Jungen. So gehören sie zur Klasse der Säugetiere. *Vögel* und *Reptilien* sind dagegen zwei andere Klassen.

– Unterstamm: Säugetiere, Vögel und Reptilien haben alle eine Wirbelsäule und ein Innenskelett. Deshalb faßt man sie im Unterstamm der *Wirbeltiere* zusammen. Dem gegenüber stehen alle anderen Unterstämme, die man als *Wirbellose* bezeichnet. Zu diesen gehören unter anderen Insekten, Weichtiere und Krustentiere.

Die Tiere in ihren Lebensräumen

Die fünf Regionen:

Australische Region
(Australien, Neuguinea)
1 die Wallace-Linie, Grenze der austral. Beuteltiere

Orientalische Region
(Tropisches Asien, Wüste des Nahen Ostens) 2 Himalaja

Äthiopische Region
(Schwarzafrika)
3 Sahara, Rotes Meer

Neotropische Region
(Zentral- u. Südamerika)
4 nordmexikanische Wüste

Nördl. kalte und gemäßigte Regionen
(Nordamerika, nichttropisches Eurasien u. Nordafrika)
5 Die Beringstraße verband während der Eiszeiten die Kontinente Asien und Amerika.

Die meisten Kontinente haben praktisch keine Verbindung miteinander. Daher entwickelte sich die Tierwelt auf jedem Erdteil im Lauf der Zeit eigenständig. Die Welt wird in fünf Landregionen mit ähnlichem Klima aufgeteilt, die das Verbreitungsgebiet bestimmter Tiergruppen darstellen.

Die verschiedenen Landregionen und ihre natürlichen Grenzen

Beispiel für die Anpassung an unterschiedliches Klima: Der Fuchs
Die großen Ohren des Wüstenfuchses, des Fennek (1), die stark durchblutet sind, helfen, das Tier abzukühlen. Die kleinen Ohren des Polarfuchses begrenzen den Wärmeverlust aufgrund der kleinen Oberfläche.

Beispiele für Angleichung (Konvergenz):
Ein australisches Beuteltier, der Flugbeutler (1), und ein afrikanischer Höherer Säuger, das Flughörnchen (2), haben keinerlei gemeinsame Ahnen, gleichen sich aber sehr, da sie ein sehr ähnliches Leben führen.

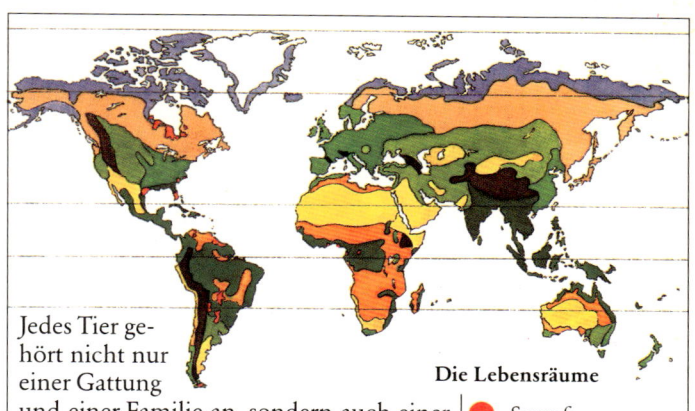

Jedes Tier gehört nicht nur einer Gattung und einer Familie an, sondern auch einer biogeographischen Landregion, d. h. einem bestimmten Lebensraum. Jeder dieser Lebensräume hat seine eigenen Arten, die wiederum voneinander abhängig sind. Die Gesamtheit dieser Abhängigkeiten bezeichnet man als Ökosystem.

Die Lebensräume

- 🔴 Sumpf
- 🟡 Wüste
- Borealer Wald
- Tropischer Regenwald
- Prärie*
- Wald*
- Tundra
- Gebirge
- Savanne

* der gemäßigten Breiten

In der Savanne wird das Gras vom Zebra, das Zebra vom Löwen gefressen, und nach dem Schakal kommt der Geier und läßt die Reste des vom Löwen getöteten Zebras verschwinden. Solche Beziehungen zwischen den Arten können ein Ökosystem näher kennzeichnen und erklären.

Der tropische Regenwald

Er ist typisch für die feuchten und warmen tropischen Regionen und besteht aus Bäumen mit immergrünen Blättern. Außer den oft sehr großen Bäumen und den Sträuchern gibt es eine Vielzahl von Lianen und Pflanzen, die nicht auf dem Boden wachsen (Epiphyten). Während im Unterholz nur wenige Tierarten leben, sind die Baumwipfel der tropischen Regenwälder dicht bevölkert, z. B. von Affen und farbenprächtigen Vögeln.

Im tropischen Regenwald Südamerikas: Kolibri, Tukan, Zweifingerfaultier, Lisztäffchen, Hokko, Tamarin, Jaguar, Sonnenralle, Tapir, Halsbandpekari, Motmot-Sägeracke, Anakonda, Riesenotter, Krallenaffe, Helmbasilisk, Kaiman

Auf allen Kontinenten gibt es im tropischen Regenwald eine üppige Pflanzenwelt und eine an das Leben auf den Bäumen angepaßte Tierwelt. Aber die Arten und häufig auch die Familien unterscheiden sich sehr, je weiter die Kontinente voneinander entfernt sind, desto mehr.
So hat sich die südostasiatische Tierwelt (Fauna) ohne jeden Kontakt mit der südamerikanischen entwickelt, und es gibt praktisch keine Tierart, die in beiden Regionen vorkommt.

Im tropischen Regenwald von Sumatra:
Nashornvogel, Orang-Utan, Nebelparder, Eisvogel, Indomalaiisches Riesenhörnchen, Gibbon (Siamang), Sumatra-Nashorn, Tiger, Schabrackentapir

Die Savanne
In den tropischen Regionen nördlich und südlich des Regenwalds hemmt die ausgeprägte Trockenzeit das Wachstum der Bäume und fördert das der Gräser. Vereinzelt wachsen Bäume oder Büsche mit früh abfallenden Blättern. In der Tierwelt der Savanne gibt es besonders viele und große Pflanzenfresser.

In Ostafrika, am Fuß des Kilimandscharo: Grüne Meerkatze, Feldspint, Adler, Geier, Webervogel, Leopard, Giraffe, Kaffernbüffel, Marabu, Zebra, Elefant, Racke, Perlhuhn, Löwe, Schakal, Tüpfelhyäne, Pavian, Kongo-Pfau, Gepard, Felsenpython, Mungo (Zwergichneumon), Agame

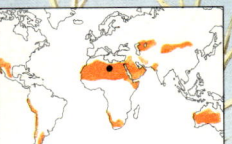

Die Wüste

Zwischen den tropischen und den gemäßigten Breiten und in den Zonen mit kontinentalem Klima im Landesinneren, weit weg vom Meer, erstrecken sich Landschaften, in denen es nur selten und unregelmäßig regnet. Dort wächst fast nichts mehr außer wenigen speziell angepaßten Pflanzen. Viele kleine Tierarten fliehen vor der Tageshitze unter die Erde.

In der Sahara:

Wüstenspringmaus, Oryx-Antilope, Dorcas-Gazelle, Dromedar, Mendesantilope, Klippschliefer, Wildschaf, Fennek, Dornschwanz, Skink, Hornviper, Landschildkröte, Kragentrappe, Schmutzgeier, Flughuhn, Wüstensteinschmätzer, Nacktmull, Wüstentrompeter, Gewöhnlicher Rennvogel, Skorpion, Skarabäus

Sümpfe und Auenwälder

An Flußmündungen oder in angeschwemmten Ebenen, überall, wo das Wasser nur schwer abfließt, bilden sich feuchte Zonen: Lagunen, Überschwemmungsgebiete, Hoch- oder Niedermoore. Der Pflanzenwuchs (Vegetation) ist spärlich. Aber in den überfluteten Ebenen gibt es Sumpfwälder und in tropischen flachen Küstenregionen Mangrovensümpfe. Dort leben zahlreiche Wasservögel und Reptilien.

In den Everglades von Florida:

Seeadler, Gleitaar, Nimmersatt, Schlangenhalsvogel, Eisvogel, Weißkopfseeadler, Löffler, Silberreiher, Amerikanischer Graureiher, Rallenkranich, Taucher, Grünreiher, Schuhschnabel, Blaureiher, Alligator, Weißwedelhirsch, Waschbär, Libelle, Mähnengans

Wälder der gemäßigten Breiten

In den mittleren Breiten waren die ozeanischen und halbkontinentalen Zonen ursprünglich dicht bewaldet. Diese Wälder zeichneten sich durch eine große Artenvielfalt aus, wobei etwa gleich viele baumbewohnende und auf der Erde lebende Tiere vorkamen. Die meisten davon waren Pflanzenfresser.

In einem polnischen Urwald:
Wildkatze, Kuckuck, Kleiber, Wisent, Sperber, Waldkauz, Schwarzspecht, Eichelhäher, Rothirsch, Wolf, Eichhörnchen, Buchfink, Halsbandschnäpper, Baummarder, Fuchs, Braunbär

Das Gebirge

Je höher man kommt, desto geringer ist die Temperatur. Sie nimmt alle 100 m etwa um 0,3° C ab. Die Kälte und der Wind verhindern, daß oberhalb einer bestimmten Höhe noch Bäume wachsen. Die sogenannte Baumgrenze verläuft je nach Breite unterschiedlich: bei etwa 4000 m am Äquator, bei ca. 2200 m in den gemäßigten Breiten. Oberhalb der Baumgrenze liegt die alpine Zone, wo wenige Pflanzen wie Gräser, Moose und Flechten gedeihen. In noch größerer Höhe gibt es nur noch Felsen, ewiges Eis und Schnee. Um zu überleben, haben sich die Tiere den harten Bedingungen angepaßt.

Im Himalaja:

Häherling, Alpensegler, Schraubenziege, Bartgeier, Rotsatyrhuhn, Tannenhäher, Schneeleopard, Yak, Murmeltier, Alpenkrähe, Moschustier, Glanzfasan, Himalaja-Tahr

Die Tundra und die Polarregion

Die polaren Winter sind so kalt und die Sommer so kurz, daß der Boden ab einer bestimmten Tiefe nie auftaut. In diesen Regionen findet man nur eine spärliche Vegetation wie Moose, Flechten und Sträucher. Enorme Eiskalotten, das Inlandeis, bedecken Gebiete in hohen Breiten wie Grönland im Norden und die Antarktis im Süden. Auf dem größten Teil des Arktischen Meers schwimmt Packeis.

In der arktischen Tundra:

Eisbär, Wolf, Moschusochse, Ren, Vielfraß, Polarfuchs, Schwertwal, Seehund, Gerfalke, Falkenraubmöwe, Küstenseeschwalbe, Schnee-Eule, Schneeammer, Scheckente, Wassertreter (Thorshühnchen), Eistaucher, Schneehase, Schneehuhn, Goldregenpfeifer, Lemming, Walroß

Die Reptilien

Die Klasse der Reptilien umfaßt vier Ordnungen: die **Schildkröten**

mit einem Hornschnabel ohne Zähne; die **Panzerechsen** oder **Krokodile**, aus deren

Zahnhöhlen im Kiefer Zähne wachsen wie bei den Säugetieren; die **Schuppenkriechtiere** mit den Unterordnungen Echsen und Schlangen, mit Zähnen, die Auswüchse der Kieferknochen

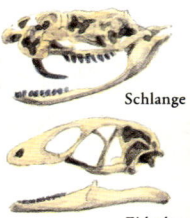

Schlange

Eidechse

sind; die **Schnabelköpfe** mit nur einer Art, der Brückenechse.

Die Klasse der Reptilien

Die Klasse der Reptilien tauchte vor etwa 260 Mio. Jahren auf, lange vor den Säugetieren und den Vögeln. Reptilien sind Tiere, deren Körpertemperatur von der Außentemperatur abhängig ist. Ihr Körper ist mit Schuppen oder Hornplatten bedeckt, und sie pflanzen sich durch Eierlegen fort. Ihre Gliedmaßen sind meistens kurz (Schildkröten, Krokodile, Eidechsen) oder fehlen völlig (Schlangen). Die Mehrzahl der Reptilien bewegt sich eher kriechend als laufend fort. Ihre Zähne wachsen immer wieder nach. Reptilien können sehr alt werden, und viele von ihnen wachsen während ihres ganzen Lebens.

Die Häutung

Die schuppige Haut wächst nicht mit dem Tier mit; so bildet sich unter der alten Haut, die zu klein geworden ist, eine neue. Wenn das Tier wächst, muß es die alte Haut abstreifen.

Die Brückenechse, ein lebendes Fossil (Urzeittier), kommt nur noch auf Neuseeland vor.

Leben auf Sparflamme

Im Gegensatz zu den Säugetieren und den Vögeln produzieren Reptilien ihre Körperwärme nicht selbst. Deshalb müssen sie in der Regel nur wenig Nahrung zu sich nehmen, um ihre Körperfunktionen aufrechtzuhalten. Zudem bewegen sich die Tiere meist nur, um von einem schattigen Platz an einen sonnigen zu gelangen und umgekehrt. Dadurch gelingt es ihnen, ihre Körpertemperatur zu regulieren.

Die empfindliche Zunge der Reptilien

Viele Reptilien haben eine stark entwickelte Zunge, die sie weit herausstrecken können, um ihre Umgebung zu erkunden, wie die zweispaltige Zunge der Natter (1). Aber die Zungen haben auch weitere Funktionen:

abschrecken: Der Skink in Australien hat eine blaue Zunge (2), um Raubtiere abzuschrecken.

fangen: Das Chamäleon (3) schleudert seine lange, klebrige Zunge, um ein Insekt zu fangen, das daran hängenbleibt.

anlocken: Die Alligatorschildkröte (4) ködert Fische mit einem rosaroten Auswuchs auf der Zunge, der sich wie ein Wurm bewegt.

Schnabelköpfe (Brückenechsen)

Schnabelköpfe gab es bereits vor etwa 220 Mio. Jahren, also lange vor den ersten Dinosauriern, großen Reptilien des Erdmittelalters. Die Schnabelköpfe starben vor etwa 65 Mio. Jahren gleichzeitig mit den Dinosauriern aus – außer einer Art, der Brückenechse.

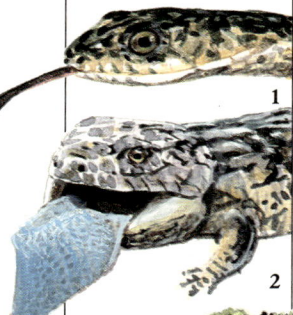

Schildkröten

Ordnung:
Schildkröten
13 Familien
75 Gattungen
244 Arten
Alle tropischen und gemäßigten Zonen

Tropische Meeresschildkröten
1 Grüne Meeresschildkröte (140 cm)
2 Lederschildkröte (185 cm)

Landschildkröten sind Pflanzenfresser und bewegen sich nur langsam: Ein massiver, rundlicher Panzer, der aus einem Rücken- und einem Bauchpanzer besteht, hüllt ihre Körper völlig ein und schützt sie gegen Raubtiere.

Wasserschildkröten sind Fleisch- oder Allesfresser. Sie haben Schwimmhäute an den Füßen, wodurch sie sich leicht im Wasser fortbewegen können. Ihr flacher, manchmal langgezogener Panzer ist kaum oder gar nicht verknöchert. Er ist auf eine spezielle Weise geformt, so daß die Tiere im Wasser sehr beweglich sind.

Grüne Meeresschildkröte (Suppenschildkröte) schlüpft aus dem Ei.

Galapagos-Riesenschildkröte (Galapagos-Inseln; 110 cm; bis 200 kg) Die größte Landschildkröte nach der Seychellen-Riesenschildkröte, die ca. 120 cm groß wird

Süßwasserschildkröten (flache Panzer)
Landschildkröten (runde Panzer)

4 Blattrückige Schlangenhalsschildkröte (Australien; 20–25 cm). Dank ihrer paddelförmigen Füße kann sie sich im Wasser gut vorwärts bewegen.

1 Tropfenschildkröte (Nordamerika; 13 cm)

3 Dosenschildkröte (Südosten der USA; 13 cm)

5 Steinschildkröte (Tropisches Asien; 25 cm) Landschildkröte

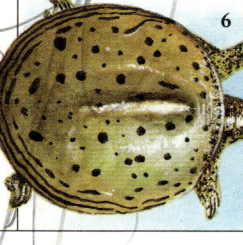

2 Matamata (Südamerika; 40 cm) Die hornigen Auswüchse neben ihrem Maul dienen als Köder, um Wassertiere anzulocken.

6 Dornrand-Weichschildkröte (USA; 45 cm) Ihre lange Nase dient ihr unter Wasser als Schnorchel.

Krokodile, Alligatoren und Gaviale

Ordnung: Krokodile
3 Familien: Alligatoren, echte Krokodile, Gaviale
8 Gattungen, 22 Arten

Krokodilschädel

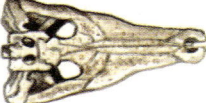

Krokodil

Alligator

Gavial

Bewohner der tropischen Gewässer

Krokodile sind die größten Reptilien auf unserer Erde. Sie wachsen während ihres ganzen Lebens und können über 100 Jahre alt werden. Manche erreichen beeindruckende Ausmaße (fast 10 m Länge) und wiegen bis zu 1 t, so viel wie ein Auto. Sie ernähren sich von Fischen, Vögeln und Säugetieren. Man trifft die amphibisch, also im Wasser lebenden Tiere meist in tropischen Flüssen und Seen an, aber gewisse Arten wie das Meereskrokodil leben im Brack- oder Salzwasser und in den Küstensümpfen.

Die Kraft des Nilkrokodils erlaubt ihm, auch große Säugetiere zu erbeuten. Es lauert den Tieren auf, wenn sie sich durstig über das Wasser beugen. In diesem Augenblick packt es sie blitzschnell am Kopf und zieht sie ins Wasser.

Die Haut der Krokodile besteht aus Hornschuppen, die z. T. verknöchert sind.

*Es war die Nacht
der Kaimane ...,
wimmelnd von Rachen,
die hervorsahen aus
dem Schlamm;
von den schläfrigen
Lagunen
kehrte ein dumpfes
Geräusch von Panzern
zum irdischen Ursprung
zurück.*

Pablo Neruda

Nilkrokodil
(Afrika; bis 7 m)

Die knochigen Auswüchse auf dem Schwanz des Nilkrokodils verleihen dem Tier das Aussehen eines prähistorischen Monsters.

Krokodile sind eine sehr alte Ordnung. Ihr Ursprung liegt etwa 180 Mio. Jahre zurück, also in einer Zeit vor dem Auftreten der Dinosaurier.

Mississippi-Alligator
(Südl. Nordamerika; bis 5 m)

Breite und schmale Schnauzen

Manche Krokodilarten wie das Nilkrokodil, das Sumpfkrokodil, der Alligator und der Breitschnauzenkaiman haben eine breite Schnauze. Andere, die mehr auf das Fangen von Fischen spezialisiert sind, haben eine mehr oder weniger lange und schlanke Schnauze und einen ebensolchen Körper. Das gilt für das Australien-Krokodil, das afrikanische Leistenkrokodil und vor allem den Ganges-Gavial.

Der Alligator liebt abwechslungsreiche Fleischkost. Er ist deshalb ständig auf der Jagd nach Fischen, Säugern, Vögeln und Reptilien.

Groß und klein

Der größte Teil der Krokodile ist zwischen 2 und 4 m lang, aber manche Arten – vor allem das Nilkrokodil und das Orinoko-Krokodil, der Ganges-Gavial und das Meereskrokodil – können 5–7 m und ein Gewicht von 500–1000 kg erreichen. Andere dagegen, wie das Australien-Krokodil, der Brillenkaiman oder der China-Alligator, werden nicht größer als 3 m. Es gibt auch ausgesprochen kleinwüchsige Arten, die meist in kleinen Waldbächen leben. Dazu gehören die Stumpfkrokodile in Afrika sowie die Glattstirnkaimane.

Ganges-Gavial
(Nordindien, Nepal; bis 6,50 m)
Er besitzt eine lange, schmale Schnauze und ernährt sich fast ausschließlich von Fischen.

Breitschnauzen-kaiman
(Südamerika; 2,5–3 m)

Krokodile verbringen die meiste Zeit im Wasser. Wenn sie untertauchen, bedecken sie ihre Augen mit einem durchsichtigen Lid. Durch dieses Lid können sie im Wasser gut sehen, ähnlich wie wir mit einer Tauchermaske.

Eidechsen, Leguane und Chamäleons

Ordnung: Squamata
Unterordnung: Echsen
16 Familien
383 Gattungen
3751 Arten
Gemäßigte und tropische Regionen

Taggecko (Madagaskar, Mauritius; Wald; bis 25 cm)

Echsen (Sauria) sind in der Regel tagaktiv und lieben es, sich in der Sonne zu wärmen. Ihre Beine sind nur zu wenig nütze, denn die Tiere bewegen sich mit der Körperunterseite vorwärts, indem sie wie Schlangen kriechen und sich in Wellenbewegungen über den Boden schieben. Wie Schlangen legen sie auch Eier, und ihre Haut ist mit Schuppen bedeckt.

Ein Trick, um zu überleben

Einige Eidechsen stoßen ihr Schwanzende ab, wenn sie von einem Raubtier angegriffen werden. Das bedeutet für sie kaum ein Risiko: Ihr Schwanzende wächst fast ganz wieder nach.

Smaragdeidechse (Südeuropa, Kleinasien; 45 cm)

Es war die Morgenhelle der Leguan-Eidechse Vom regenbogenschimmernden Zackenkamm schnellte wie ein Wurfpfeil ins Grün ihre Zunge nieder.

Pablo Neruda

Komodowaran (Indonesien; tropischer Regenwald; 3 m, 135 kg)

Meerechse (Galapagos-Inseln; 1,75 m)

Landleguan (Galapagos-Inseln; tropischer Regenwald; 1,10 m)

Ausnahmen, die die Regel bestätigen
Es gibt Eidechsen, die lebende Junge zur Welt bringen, statt Eier zu legen. Manche Arten bewegen sich auf langen Beinen, während andere keine sichtbaren Gliedmaßen besitzen, sondern wie Schlangen aussehen (z. B. Blindschleichen). Wieder andere können mit Hilfe von Flughäuten, die ihre Pfoten verbinden, von einem Baum zum nächsten gleiten.

Grüner Leguan (Tropisches Amerika; 2,20 m)

Baumbewohnende Echsen
Sie sind in den tropischen Wäldern verbreitet.

9 Streifenskink
(Borneo; 25 cm)
10 Grasanoli
(Zentralamerika, 15 cm)
11 Dreihorn-Chamäleon
(Ostafrika; 12 cm)

Agamen
5 Agame
(Afrika; 40 cm)
6 Dornschwanz
(Nördl. Afrika; 25 cm)
7 Kragenechse
(Australien; 85 cm)

Krustenechsen
Die einzigen Giftechsen
8 Gila-Krustenechse
(Nordamerikanische Wüste; 60 cm)

Geckos
Geckos können dank der Lamellenpolster an ihren Fingern und Zehen sehr gut auf glatten, senkrechten Flächen laufen, etwa an Zimmerwänden.
1 Mauergecko
(Mittelmeerküsten; 10–15 cm)
2 Leopardgecko
(Sahara; 20 cm)
3 Bilrongecko
(Sahara)
4 Tokee
(Asien; 40 cm)

Chamäleons
Chamäleons können ihre Farbe gezielt verändern. Um Insekten zu fangen, schleudern sie ihre lange, keulenförmige, klebrige Zunge hervor.

12 Zweistreifen-Chamäleon
(Ostafrika; 15 cm)

13 Kurzhorn-Chamäleon
(Madagaskar; 30 cm)

14 Basilisk
(Zentralamerika; bis 80 cm)
Aufgrund seiner enormen Geschwindigkeit kann der Basilisk auf dem Wasser rennen.

Schlangen

Ordnung: Squamata
Unterordnung:
Schlangen
11 Familien; 42 Gattungen, ca. 2700 Arten
Weltweit außer vereiste Regionen

Afrikanische Speikobra (Afrika; Savanne; bis 2 m)
Wenn sie bedroht wird, öffnet sie ihr Maul und spuckt ihr Gift bis zu 2 m weit.

Die Schlangen gehören zur Ordnung der Squamata. Sie sind mit Schuppen bedeckt, hören sehr schlecht und haben einen extrem dehnbaren Magen.

Wie sie ihre Beute finden

Die Augen der Schlange sind wenig hilfreich. Sie haben keine Lider und sind nur mit einer durchscheinenden Hornhaut bedeckt, die den Schlangen einen starren und glasigen Blick verleiht. Doch Schlangen besitzen ein zusätzliches Organ, das Temperatur-Sinnesorgan, das ihnen hilft, ihre Beute aufzuspüren. Ihre Zunge ist außerdem sehr geruchsempfindlich. Die Mehrzahl der Pythons, Boas und Klapperschlangen besitzt temperaturempfindliche Grübchen, die auch die geringsten durch ein Beutetier verursachten Temperaturschwankungen erkennen.

Die Kobra ist eine der wenigen Schlangen, die etwa die Hälfte ihres Körpers vom Boden erheben kann. Wenn sie sich bedroht fühlt, richtet sie sich auf, entfaltet ihre Nackenhaut (Kragen) und zischt.

Alle Seeschlangen, so auch der **Gewöhnliche Plattschwanz** (Küste Bengalens, Japan, Freundschaftsinseln und Melanesien; bis 1,40 m), sind giftig und ernähren sich von kleinen Fischen.

Wie verdauen sie ihre Beute?

Schlangen sind Raubtiere und meist reine Fleischfresser. Dank ihrer beweglichen Kiefer und ihrer dehnbaren Haut können sie auch große Beutetiere verschlingen. Nattern fressen ihre Beute bei lebendigem Leib, doch die meisten Schlangen töten ihre Opfer, bevor sie sie verschlingen: Die Würgeschlangen (Pythons, Boas, Anakondas) wickeln sich um das Beutetier, um es zu ersticken. Sie brauchen in der Regel mehrere Tage, um es zu verdauen.

Diese Reptilien mit ihrer sehr langsamen Verdauung (Stoffwechsel) fressen nur wenig: Die Mehrzahl von ihnen nicht öfter als etwa zehnmal pro Jahr.

Die junge Schlange bricht das Ei mit Hilfe eines Zahns auf ihrem Kopf auf. Der sogenannte Eizahn fällt wenige Tage nach dem Schlüpfen ab.

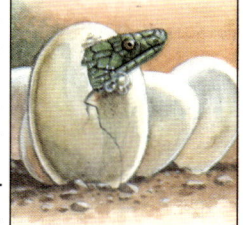

Junge Grüne Mamba

Schlangen kommen durch wellenförmige Seitwärtsbewegungen voran.

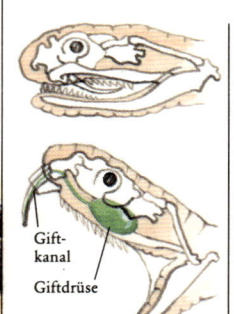

Die nach innen gebogenen Zähne dienen nicht dazu, die Beute zu zerkauen, sondern um zu verhindern, daß sie aus dem Maul entkommt.

Giftkanal
Giftdrüse

Die Eckzähne der Giftschlangen sind so konstruiert wie die Nadel einer Spritze. Durch die hohlen Zähne fließt das Gift aus der Giftdrüse im Oberkiefer.

1 Grüne Mamba
(Afrika; Wald; 2 m)
Giftschlange, die in
den hohen Gräsern
und im Blattwerk
wegen ihrer Farbe
kaum zu erkennen ist

**2 Grüne
Baumpython**
(Neuguinea,
Salomon-Inseln;
Wald; bis 210 cm)
Nicht giftig, ernährt
sich von beweglichen
Baumtieren

**3 Schlegelsche
Lanzenotter**
(Südamerika; 60 cm)
Giftig, gehört zur
Gruppe der Schlangen,
die man wegen ihres
dreieckigen Kopfes
„Lanzenottern" nennt.

4 Anakonda
(Südamerika; tropischer Regenwald, Uferbereich; bis 9 m)
Wasserschlange, die
von Vögeln, Wasserschweinen, Tapiren,
Fischen und Kaimanen lebt

5 Dreiecksnatter oder **Falsche Korallenschlange** (Nordamerika; bis 2 m) Nicht giftig, im Gegensatz zur echten Korallenschlange, der sie ähnelt

6 Boa
Wie alle Würgeschlangen stößt die Boa ihren Kopf blitzschnell nach der Beute. Zuerst beißt sie zu, danach rollt sie sich um das Tier, um es zu ersticken.

7 Spitznatter
(Afrika; tropischer Wald; bis 1,50 m) Lange, schlanke Schlange, die einer Hängepflanze ähnelt. Wenn sie Angst hat, bläht sie ihren Hals auf.

8 Goldschlange
(Bengalen, Japan, Freundschaftsinseln; tropischer Wald; bis 1,50 m)
Sie kann gleiten, indem sie ein riesiges S bildet. Sie ist giftig und ernährt sich von Mäusen, Vögeln und Fröschen, die sie mit dem Kopf voraus verschlingt.

Die Vögel

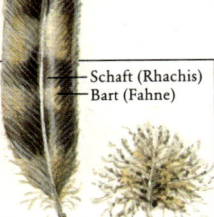

Schaft (Rhachis)
Bart (Fahne)

Feder

Flaumfeder (Daune)

Ein leichtes Federkleid
Gute Anpassung an den Flug: ein leichtes, aber stabiles Skelett

Die Klasse der Vögel
Vögel sind wie die Säugetiere warmblütige Wirbeltiere. Und wie die Reptilien, von denen die Vögel abstammen, legen sie Eier. Sie haben Flügel, die es ihnen erlauben zu fliegen. Aber das entscheidende Merkmal ihrer Klasse ist das Federkleid, das warm und leicht ist, die Vögel schützt und den Flügeln ihre Tragfähigkeit verleiht.

Leichte Knochen

Schnitt durch einen hohlen Knochen

Die Muskeln, die den Flügel bewegen, sind am Brustbein befestigt: **1** Der große Muskel zieht sich zusammen: Der Flügel senkt sich.
2 Der kleine Muskel zieht sich zusammen: Der Flügel hebt sich.

Luftreserven

Luftsäcke

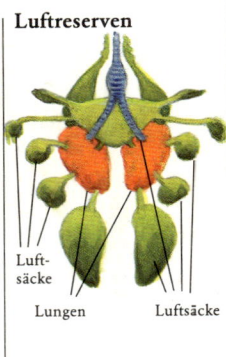

Lungen   Luftsäcke

Schwungfedern
Finger
Unterarm
Hände und Handschwingen
Brustbeinkamm (Kiel)
Arm und Armschwingen
Schwanzfedern
Kropf
Muskelmagen   Brustbein

Ein Schnabel: leichter als Zähne.

Der Muskelmagen: Er sorgt dafür, daß die Nahrung zerkleinert wird, und zwar mit Hilfe seiner Muskeln und kleiner Steinchen.

Der Kropf: Hier wird die Nahrung gespeichert, die für die Jungen wieder ausgewürgt werden kann.

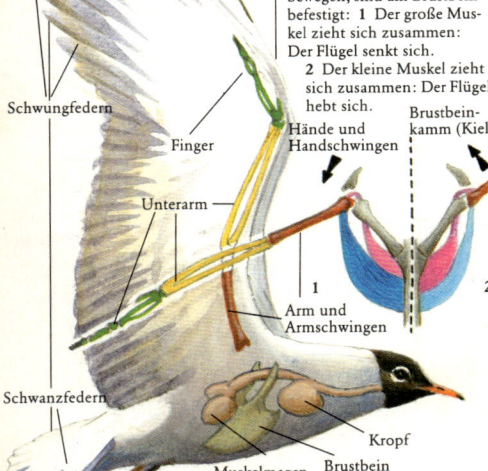

Vogelzug

Viele Zugvögel wechseln zwischen einer Winterheimat in den heißen Ländern und einer Sommerheimat, wo sie brüten. Dank eines sehr hoch entwickelten Orientierungssinns finden sie ihre Brutgebiete jedes Jahr wieder.

Verschiedene Füße = verschiedene Lebensräume

Der Fuß eines (einer)

1 auf Zweigen sitzenden Vogels (Spatz)
2 Stelzvogels
3 Greifvogels
4 Klettervogels (Specht)
5 Mauerschwalbe
6 Tauchers
7 teilweise mit Schwimmhäuten versehen (Seeschwalbe)
8 mit Schwimmhäuten (Kormoran)

Verschiedene Schnäbel = verschiedene Nahrung

Kleinstlebewesen aus dem Wasser sieben (Flamingo)

Nektar saugen (Kolibris)

Nahrung aus dem Wasser seihen (Ente)

Beute aus der Erde ziehen (Bekassine)

Beute zerreißen (Greifvögel)

Rinde nach Beute durchsuchen (Specht)

Picken und Insekten fangen (Kuckuck)

Insekten im Flug schnappen (Nachtschwalbe)

Im Wasser Fische fangen wie mit einem Netz (Pelikan)

Schnelle Beute im Wasser harpunieren (Reiher)

Weiche Körner und Früchte picken (Taube)

Trockene Früchte und harte Körner knacken (Sittiche)

Körner schälen (Fink)

Strauße, Kiwis und Steißhühner

Ordnungen: Laufvögel, Steißhühner
5 Familien, 6 Gattungen und 21 Arten bei den Laufvögeln;
9 Gattungen und 47 Arten bei den Steißhühnern

Die Laufvögel: bodenlebende Vögel

Zu dieser Ordnung gehören Strauße, Nandus, Emus, Kasuare und Kiwis. Durch ihre verkümmerten Flügel und ihren rückgebildeten Brustbeinkamm, der den starken Flugmuskeln nicht genug Halt verleiht, sind sie nicht in der Lage, zu fliegen. Sie gleichen das durch lange, starke Beine aus, die es ihnen erlauben, sehr schnell zu laufen.

Die kräftigen und meist sehr großen Vögel besitzen einen flachen Schnabel, der ihrer Pflanzennahrung angepaßt ist. Nur Kiwis, die sich von Würmern und Insekten ernähren, haben einen langen, dünnen Schnabel.

Steißhühner: scheue Vögel

Auch wenn diese Vögel vor allem am Boden leben, können sie doch bei Gefahr schnell kurze Strecken bis zum nächsten Strauch fliegen. Häufiger jedoch entkommen sie Raubtieren dadurch, daß sie sich ganz still verhalten. Dabei werden sie durch ihre Tarnfarbe zusätzlich geschützt.

1 Strauß (Afrika; Savanne, Wüste; bis 3 m Höhe, 150 kg)

2 Emu (Australien, Tasmanien; Savanne, Wüste; bis 2 m Höhe, 50 kg)

3 Nandu (Südamerika; Savanne, Steppe; bis 1,70 m Höhe)

Balz eines Straußenhahns

4 Helmkasuar (Australien, Neuguinea; tropischer Regenwald; bis 1,5 m Höhe, 85 kg)

5 Kiwi (Neuseeland; gemäßigter Wald; 50 cm)

6 Perlsteißhuhn (Südamerika; Steppe; bis 40 cm)

Lappentaucher und Seetaucher

2 Ordnungen:
Lappentaucher und Seetaucher
Seetaucher: 1 Gattung, 4 Arten
Arktische und boreale Regionen der nördlichen Halbkugel
Lappentaucher:
4 Gattungen, 9 Arten
Gemäßigte und tropische Regionen

Haubentaucher
(Eurasien, Afrika, Australien; 50 cm)

Tauchende Vögel
Lappentaucher und Seetaucher gehören zu den besten Tauchern unter den Tieren. Dank ihrer sich sehr weit hinten am Körper befindenden Beine können sie sich unter Wasser gut fortbewegen. An Land aber sind sie sehr unbeholfen. Um untertauchen zu können, vermindern sie den Luftgehalt in Luftsäcken und Lungen.

Balz der Haubentaucher: Die Männchen werben um die Weibchen, indem sie sich aufrichten, ihre Flügel ausbreiten und mit dem Kopf nicken. Schließlich bieten sie dem Weibchen ein Büschel Wasserpflanzen an.

1 Zwergtaucher
(Eurasien, Afrika; 27 cm)
2 Schwarzhalstaucher
(Eurasien, Afrika, Nordamerika; 30 cm)
3 Ohrentaucher
(Eurasien, Nordamerika; 33 cm)
4 Rothalstaucher
(Eurasien, Nordamerika; 43 cm)

Auf dem Wasser landende Haubentaucher

Lappentaucher und Seetaucher sind dennoch sehr voneinander verschieden. So haben die Seetaucher z. B. Schwimmhäute an den Füßen, während die der Lappentaucher mit Schwimmlappen versehen sind, die sich am Ende verbreitern wie Paddel.

Arktische und boreale Regionen

5 Eistaucher
(75 cm)
6 Prachttaucher
(70 cm)
7 Sterntaucher
(58 cm)

Pinguine

Ordnung: Pinguine
Familie: Pinguine
6 Gattungen, 18 Arten
Antarktis und Meere der Südhalbkugel

Königspinguin beim Tauchen

Vollkommen an das Tauchen im Meer und an die niedrigen Temperaturen angepaßt, haben Pinguine ihre Fähigkeit zu fliegen verloren: Ihre geraden Flügel dienen nur noch als Flossen. Um den Wasserwiderstand beim Schwimmen zu verringern, ist ihr Körper spindelförmig. Ihre Füße, die sehr weit hinten liegen, dienen als Steuerruder. Pinguine sind sehr gesellige Tiere und leben in Kolonien auf der Südhalbkugel der Erde. Sie ernähren sich von Meerestieren (Fische, Tintenfische und Krill) und fressen sich dicke Fettpolster an, denn während sie ihre Jungen ausbrüten, müssen sie lange Fastenzeiten überstehen.

Pinguine können große Kälte ertragen, leiden aber unter Hitze. Die in tropischem Klima vorkommenden Arten suchen tagsüber den Schatten unter felsigen Überhängen, den sie erst in der Dämmerung verlassen.

1 Gelbaugenpinguin (Neuseeland; 66 cm)
2 Zwergpinguin (Neuseeland, Australien; 40 cm)
3 Humboldtpinguin (Peru; 65 cm)

Königspinguin
(Subantarktische Küsten; 95 cm)
Wenn die Pinguine ihre Nester suchen, um die Jungen auszubrüten, versammeln sie sich in riesigen Kolonien.
1 Adéliepinguin
(Antarktische Küsten; 70 cm)
Subantarktische Inseln: (70 cm)
2 Zügelpinguin
3 Eselspinguin
4 Goldschopfpinguin

Kaiserpinguin (Antarktische Küsten; 115 cm) Nachdem sie im Herbst an den Küsten ein Ei gelegt haben, schwimmen die Weibchen davon und kehren erst im Frühjahr zurück, wenn die Jungen geschlüpft sind. Die Männchen brüten während des langen Winters das Ei aus.

Albatrosse und Sturmvögel

Ordnung:
Röhrennasen
Familie: Sturmvögel
4 Unterfamilien
ca. 62 Arten
Alle Ozeane

Albatros
(Südatlantik;
210 cm
Spannweite)

Hochseevögel
Alle Arten, die zu der Ordnung der Röhrennasen gehören, sind Hochseevögel. Sie kommen nur zum Nisten an Land, trinken Seewasser und ernähren sich von Meerestieren.

Riesensturmvogel (Antarktische und subantarktische Meere; 200 cm Spannweite)

Wanderalbatros
(Meere der Südhalbkugel;
320 cm Spannweite)

Schwarzschnabel-Sturmtaucher
(Alle Ozeane; 35 cm)

Gute Flieger
Diese guten Flieger legen während ihrer Wanderungen riesige Strecken zurück. In geringer Höhe fliegend, nutzen sie steigende Winde, die durch die Bewegung der Wellen und Wogen entstehen.

Gestank gegen Feinde
Die Seitenwand ihres Magens sondert eine ölige, stark nach Moschus riechende Flüssigkeit ab, die sie auf einen mehrere Meter entfernten Feind spritzen können.

1 Sturmschwalbe (Nördl. Meere; 15 cm). Der kleinste Seevogel. Er flattert knapp über der Wasseroberfläche, wenn er seine Nahrung sucht.

2 Kleiner Sturmvogel (Südatlantik; 18–25 cm) Der kleine Hochseevogel zögert nicht, in die Wellen zu tauchen, um Fische und Krustentiere zu fangen.

4 Unterfamilien: Albatrosse, Sturmvögel, Walvögel, Sturmschwalben

Eissturmvogel
(Nördl. Meere; 47 cm)
Wie alle Sturmvögel hat er einen gebogenen Schnabel, auf dem zwei hornige Röhren mit den Nasenlöchern liegen.

Pelikane, Kormorane, Tölpel und Fregattvögel

Ordnung: Ruderfüßer
6 Familien: Tropikvögel, Pelikane, Kormorane, Schlangenhalsvögel, Tölpel, Fregattvögel
7 Gattungen, 64 Arten
Tropische und gemäßigte Breiten

Um Weibchen anzulocken, blähen sie ihren Kehlsack zu einem großen roten Ballon auf.

Fuß mit Schwimmhaut eines Ruderfüßers. Die Schwimmhaut verbindet alle vier Zehen, im Unterschied zu den Gänsevögeln, bei denen lediglich drei Zehen durch eine Schwimmhaut verbunden sind.

Fischende Vögel

Die Ruderfüßer sind gute Flieger, die das Süß- und Salzwasser bevölkern. Ihre Nahrung besteht ausschließlich aus Fisch. Alle haben Schwimmhäute an den Füßen, die ihre vier Zehen verbinden. Manche Arten sind hervorragende Taucher.
Unterhalb des Schnabels haben sie eine

Balz der Fregattvögel

Haut, den Kehlsack: Der Pelikan benutzt ihn als Fischnetz, der Kormoran, um die Fische in die richtige Lage im Schnabel zu bringen, bevor er sie verschluckt; die Fregattvögel blähen ihren Kehlsack bei der Balz auf.

Wie Vögel fischen
Anderen Vögeln die Beute im Flug abjagen und fliegende Fische im Flug fangen:
1 Fregattvogel (Tropische Meere; 110 cm)
2 Tropikvogel (Tropische Meere; 110 cm)

Im Sturzflug Fische fangen: Tölpel (70 – 100 cm)
3 Baßtölpel (Meere der gemäßigten Breiten)
4 Rotfußtölpel (Meere der gemäßigten Breiten)
5 Brauntölpel (Meere der gemäßigten Breiten)
6 Maskentölpel (Tropische Meere) und
7 Brauner Pelikan (Amerika; 103 cm)

Schwimmend fischen:
8 Rosapelikan
(Eurasien, Afrika, Amerika; 175 cm)

57

1 Schlangenhalsvogel (Afrika, Amerika, Südasien, Australien; 100 cm)
2 Afrikanischer Kormoran (35–60 cm)
3 Großer Kormoran (Afrika, Eurasien, Australien; 90 cm)

Gemeinsames Fischen bei Rosapelikanen. Zuerst schwimmen sie in fester Formation, dann tauchen sie plötzlich alle zusammen den Schnabel ins Wasser.

Schlangenhalsvogel und Kormoran (**1** und **3**) trocknen sich. Ihre Federn saugen sich voll Wasser, wenn sie unter Wasser schwimmen. Beim Tauchen ist das günstig, denn dadurch brauchen sie weniger Kraft, um nach unten zu gelangen.

Fliegende Rosapelikane

Kormorannest

Kolonie von Rosapelikanen
(ausgewachsene und Jungtiere)

Reiher

Fischjäger

Reiher sind ausgezeichnete Fischfänger. Sie besitzen lange Beine und kräftige Zehen, die ihnen gute Standfestigkeit verleihen, wenn sie in ihrem Fischgebiet stehend auf Beute lauern oder durch seichtes Wasser schreiten. Der lange S-förmige Hals streckt sich wie eine Feder und schleudert den scharfen Schnabel, mit dem der Vogel die Fische aufspießt oder direkt verschluckt.

Glockenreiher (Afrika, Madagaskar; Sumpf, Lagune; 56 cm). Wenn er fischt, spreizt der Vogel seine Schwingen. Man nimmt an, daß der Schatten Fische anlockt oder daß er es dem Vogel leichter macht, seine Beute zu erkennen.

Graureiher 1
(Eurasien, Afrika; Sumpf; 90 cm)

Jeder Landeplatz ist diesem Silberreiher recht, sogar der Rücken eines Krokodils.

1 Nachtreiher (Eurasien, Afrika, Australien; 35 cm)
2 Zwergdommel (Eurasien, Afrika, Australien; 35 cm)

Im Sommer wandert sie in das nördliche Mittelmeergebiet.
3 Silberreiher (Tropische und warme gemäßigte Regionen; 89 cm)

Ordnung: Stelzvögel
Familie: Reiher
24 Gattungen
63 Arten
Seichte Gewässer, Tropen und Subtropen

Graureiher beim Fischen

Am Morgen stand der graue Reiher da;
er rastete, stand wie der Kranich steht,
knapp unterhalb der leichten Nebelschleier.

Harry Martinson

1 Purpurreiher
(Eurasien, Afrika;
Schilfgürtel; 79 cm)
**2 Amerikanischer
Graureiher** (Nordamerika; Süßwasser und
Meere; 95 cm)
3 Seidenreiher
(Tropische und warme
gemäßigte Regionen;
seichte Gewässer;
55 cm)
4 Dreifarbenreiher
(Amerika; überall an
Strandgebieten; 55 cm)
5 Blaureiher
(Amerika; Süßwasser
und Meere; 55 cm)
6 Nordamerikanische Rohrdommel
(Nordamerika; Sumpf;
35 cm)
Wenn Rohrdommeln
überrascht werden,
nehmen sie die
sogenannte „Lanzenform" an: Sie recken
Hals und Schnabel
aufrecht gen Himmel
und passen sich so
dem Schilf an.
7 Grünreiher
(Amerika; Süßwasser
und Wald; 35 cm)
Er taucht, um seine
Beute zu fangen.

Störche, Ibisse, Löffler und Flamingos

Vertraute und scheue Störche

In manchen Regionen sind die Störche den Menschen vertraut. So nisten Weißstörche und Abdimstörche manchmal in Kolonien auf Hausdächern. Wenn sie erregt sind, klappern sie laut mit dem Schnabel.

In den Dörfern ist es immer ein Ereignis, wenn die Weißstörche nach ihrer Rückkehr aus Afrika im Frühjahr ihr riesiges rundes Nest wieder in Besitz nehmen. Der Schwarzstorch, der dem Weißstorch sehr ähnelt, ist dagegen äußerst scheu und lebt in sumpfigen Wäldern.

Ordnung: Stelzvögel
Familie: Störche
10 Gattungen
18 Arten
Alle gemäßigten und tropischen Regionen

Weißstorch
(Eurasien, Afrika; Stadt, Dorf, Land, Sumpf; 100 cm)

Der Weißstorch kann sehr gut fliegen. Er überwintert in Afrika und in Südasien.

Störche ernähren sich von Insekten, Weichtieren, Fröschen und anderen kleinen Tieren, die sie auf den Feldern und in seichten Gewässern fangen.

Abdimstorch
(Afrika, tropisches Asien; Savanne; 80 cm)
Kleiner tropischer Storch, lebt in Kolonien oft in der Nähe von Dörfern

Schwarzstorch
(Eurasien; Wald, Sumpf; 90 cm)

Schopfibis oder **Waldrapp**
(Nordafrika; Felsküste, Halbwüste; 75 cm)
Er nistet an den Felsküsten der trockenen Länder.

Großstörche
Auch der mit einem sehr starken Schnabel ausgestattete Jabiru, der Afrika-Nimmersatt und der Marabu gehören zu den Störchen. Der größte von ihnen, der Afrika-Sattelstorch, kann 150 cm groß werden, und der stärkste unter ihnen, der Marabu, besitzt einen gewaltigen Schnabel. Mit ihm kann er den Unterleib großer toter Tiere durchbohren. Er ist ein Aasfresser wie die Geier.

Jabiru (Afrika; Sumpf- und Savannenzone; 185 cm)

Afrika-Marabu (Savanne; 150 cm)

Indien-Nimmersatt (Südasien; seichte Gewässer; 100 cm)

Verschiedenartige Schnäbel

Zur Ordnung der Stelzvögel gehören eine Reihe Familien, die man anhand der Form ihrer Schnäbel voneinander unterscheiden kann: ein langer, feiner und gebogener Schnabel bei den Ibissen; ein an der Spitze flacher Schnabel bei den Löfflern. Durch eine schnelle Hinundherbewegung im Wasser können sie kleine Wassertiere ausseihen. Flamingos besitzen dagegen einen auffällig gekrümmten Filterschnabel.

Ibisse
Der Schnabel des Ibisses ist dem Fangen von Insekten, Würmern und Weichtieren im Schlamm und in seichtem Wasser angepaßt.

1 Roter Ibis
(Südamerika; 55 cm)
2 Schwarzkopfibis
(Tropisches Asien; 75 cm)
Er nistet zusammen mit anderen Arten in den Bäumen. Er ähnelt stark dem afrikanischen Heiligen Ibis.
3 Japanischer Ibis
(Fernost)
Einer der seltensten Vögel der Welt

Flamingo
(Eurasien, Afrika, Amerika; seichte Gewässer; 130 cm)
Im Herbst verläßt er Südeuropa und zieht in südlichere Gegenden.

Flamingos ernähren sich, indem sie ihren Kopf mit der Oberseite auf den Grund von Brackwasserseen legen. Durch eine Bewegung der Zunge saugen sie das Wasser in das Innere des Schnabels. Die Nahrungspartikel (winzige Algen, kleine Krustentiere und Weichtiere) werden dabei zurückgehalten und anschließend von dem Vogel verschluckt.

Rosalöffler
(Tropisches und subtropisches Amerika; seichtes Salzwasser; 70 cm)

Löffler
(Südeurasien, Afrika; seichte Küstengewässer; 86 cm)

Schuhschnabel
(Zentralafrika;
Sumpf; 120 cm)

Hammerkopf
(Afrika; Uferregionen;
60 cm)

An afrikanischen Küsten

Zwei afrikanische Arten sind besonders originell: der Hammerkopf und der Schuhschnabel. Sie ähneln keinem anderen Schreitvogel, so daß die Zoologen für beide Arten je eine eigene Familie schaffen mußten.

Der Hammerkopf, dessen Kopf einem Hammer gleicht, fliegt mit gestrecktem Hals wie die Störche, aber sein Schrei ähnelt dem der Reiher.

Der Schuhschnabel hat einen harten Schnabel, der am Ende einen Haken trägt. Dieser Haken dient dazu, Lungenfische aus dem Schlamm der Sümpfe zu holen.

Gänse, Schwäne und Enten

Ordnung: Gänsevögel
Familie: Entenvögel
42 Gattungen
149 Arten
Alle Kontinente außer der Antarktis

Spaltfußgans
(Australien, südl. von Neuguinea; Sümpfe; 80 cm)

Die Spaltfußgans ist die einzige Gans mit nur schwach entwickelten Schwimmhäuten und einem langen, nach hinten gerichteten Zeh. Mit diesem Zeh kann sie sich gut an Ästen festhalten.

Vögel mit Schwimmhäuten

Gänse, Schwäne und Enten sind Wasservögel, die ans Schwimmen angepaßt sind: Sie besitzen Schwimmhäute an den Füßen, um sich im Wasser besser bewegen zu können. Ihr Körper ist breit und am Bauch abgeflacht. Dadurch erhalten sie eine stabile Lage auf dem Wasser.

70

Ihr Schnabel ist rund und bei manchen Gänsen mit Lamellen versehen. Die Lamellen bilden eine Art Kamm, der das Wasser filtert und Nahrungsteilchen festhält.

1 Kanadagans
(Nordamerika; Süßwasser, feuchte Wiesen; 102 cm)
2 Höckerschwan
(Eurasien; Seen; 152 cm, 23 kg)
3 Schwarzhalsschwan
(Südl. Südamerika; Seen und Fjorde; 120 cm)
4 Graugans
(Eurasien; Sümpfe, Prärien; 76 – 89 cm)
5 Witwenpfeifgans
(Afrika; Seen, Sümpfe; 47 cm)
6 Brandgans
(Eurasien; Meeresküsten und Binnenseen; 61 cm)

Flug der Graugänse

Schnäbel der eurasischen Schwäne

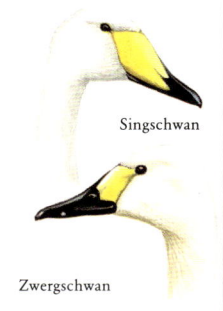

Singschwan

Zwergschwan

Höckerschwan

Wegen ihrer mittleren Größe kann man Pfeifgänse und Brandgänse – zu denen auch Kasarkas und Nilgänse gehören – als Bindeglied zwischen Gänsen und Enten ansehen.

71

Man kann fliegende Enten schon aus der Ferne leicht an ihren spitzen, schnell schlagenden Flügeln und an ihrem langgestreckten Hals erkennen.

Die großen Gänsevögel
Gänse, Meergänse und Schwäne unterscheiden sich von den anderen Entenvögeln vor allem durch ihre Größe. Außerdem gibt es äußerlich kaum einen Unterschied zwischen männlichen und weiblichen Tieren.

Verschiedene Entenarten
Schwimmenten (Stockente, Spießente, Löffelente, Knäkente, Pfeifente, Krickente) ernähren sich von kleinen Pflanzen und von Tieren, die sie in seichtem Wasser an der Wasseroberfläche fangen.

Tauchenten (Kolbenente, Tafelente) sind auch ans Schwimmen unter Wasser angepaßt und haben eine entsprechende Körperform: Ihr Umriß ähnelt einem Tropfen. Dadurch setzen sie dem Wasser wenig Widerstand entgegen. Die Füße sitzen weit hinten, was ihnen auf dem Land einen sehr unbeholfenen Gang verleiht. Sie

1 Mandarinente
(Ostasien; Süßwasser; 43 cm)
Sie hält sich häufig in den bewaldeten Zonen der heißen oder gemäßigten Regionen auf und setzt sich gern auf Bäume.
2 Tafelente
(Eurasien; 46 cm)
3 Mittelsäger
(Europa, Nordamerika; Küsten- und Binnengewässer; 58 cm)
Er hat einen spindelförmigen Körper und einen spitzen, am Rand mit Zähnchen versehenen Schnabel, mit dem er Fische festhalten kann.
4 Kolbenente
(Eurasien; Süßwasser; 56 cm)

Ruderente
(Südeurasien; Süß- und Brackwasser; 41 cm)
Sie ist klein, stämmig und sehr beweglich. Am Grund der Seen taucht sie und wühlt mit dem Unterschnabel im Schlamm. So findet sie ihre Nahrung: Kleintiere.

ernähren sich von Pflanzen und im Wasser lebenden Kleinlebewesen.
Säger und Meerenten (Schellente, Trauerente, Brillenente, Eiderente) können tiefer tauchen als die Tauchenten. Sie sind darauf spezialisiert, vor allem im Meer, aber auch im Süßwasser Fische unter Wasser zu jagen.

Schellenten
(Eurasien, Nordamerika; 46 cm)

Sporengans
(Afrika; Binnensümpfe; 100 cm)

Sturzbachente
(Anden; schnell fließende Gewässer; 30 cm)

Eine besondere Schwimmente, die Sturzbachente, besitzt kräftige Krallen an ihren Zehen, um sich an den glitschigen Steinen festhalten zu können. Der lange Schwanz dient ihr im tosenden Wasser als Steuerruder.

Tauchenten starten, indem sie auf dem Wasser laufen.

Schwimmenten fliegen direkt von der Wasseroberfläche ab.

Die weiten grauen Teiche
hoben sich und schwebten,
schleppten des Sommers Kleid hinter sich
dem Süden zu dem fernen –
Wildenten. Sie flogen auf,
ohne Schrei. Traurig macht das Fortgehn.

Oldřich Mikulášek

Eurasien und Nordamerika

1 Löffelente
(Süßwasser; 51 cm) Sie hat einen verbreiterten Schnabel mit Filterlamellen, der es ihr erlaubt, Nahrungsteilchen aus dem Wasser zu sieben.
2 Krickente
(Kleine Seen, Tümpel; 35 cm) Sie ist die kleinste Ente.
3 Stockentenpaar
(Süßwasser; 58 cm) Die häufigste Entenart, Vorfahren der Hausenten
4 Spießentenpaar
(Süßwasser; 66 cm)
5 Eiderente, Erpel
(Nördl. Eurasien und Nordamerika; Küstengewässer; 58 cm)
6 Eiderente, Weibchen. Wie bei allen Enten hat das Weibchen ein unscheinbares Gefieder. Auf diese Weise ist es beim Brüten und bei der Aufzucht der Jungen vor Feinden getarnt.

75

Gänsegeier
(Südl. Eurasien, Nordafrika;
Gebirge, Hochebenen;
100 cm)

Königsgeier
(Amerika; tropischer Wald; 80 cm)
Er kommt als erster Geier zu den Kadavern. Sein sehr kräftiger Schnabel ermöglicht es ihm, die Haut des toten Tiers aufzureißen.

Unablässig beobachten Aasgeier die großen Flächen der Steppe. So entdecken sie schnell jedes tote Steppentier.

Die Neuwelt-Geier
Im Gegensatz zu den Altwelt-Geiern Afrikas und Eurasiens scheinen die Neuwelt-Geier Amerikas in der Lage zu sein, ihre Nahrung mit Hilfe ihres Geruchssinns zu finden. Daher können der Truthahngeier und der Königsgeier auch bewaldete Regionen bewohnen, während Geier sonst nur auf freien Flächen vorkommen.

Geier

Die Geier gehören zu den Greifvögeln. Diese große Gruppe unter den Vögeln besitzt scharfe Augen, Hakenschnäbel, kräftige Beine und Füße, an denen sich zumeist gebogene und sehr scharfe Krallen befinden.

Ordnung: Greifvögel
Familien: Neuwelt-Geier, Altwelt-Geier
12 Gattungen
26 Arten
Tropische und warme gemäßigte Regionen

Alle Adler des Himmels
nährten ihr blutges Geschlecht
im unbewohnten Blau,
und auf Raubtierschwingen
flog über der Welt
der Kondor, König der Mörder,
des Himmels einsiedlerischer Mönch,
schwarzer Talisman des Schnees,
der Falkenbeize Orkan.

Pablo Neruda

1 Anden-Kondor
(190 cm; 12 kg)
2 Kalifornischer Kondor
(Gebirge; 113 cm, 12 kg)
Diese Art gibt es seit 1987 nicht mehr in der freien Wildbahn.

Sperbergeier (Afrika; Savanne, Steppe; 100 cm) am Kadaver eines Gnus
Bartgeier (Südl. Eurasien, Afrika; Gebirge; 115 cm)

Schmutzgeier (Südl. Eurasien, nördl. Afrika; 65 cm) Mit Hilfe eines Steins zerbricht er ein Ei, um es zu fressen.

Palmgeier
(Afrika; Palmenhaine
am Ufer von Gewässern;
55 cm)

Der Palmgeier unterscheidet sich deutlich von den anderen Geiern durch seine Kost: Palmnüsse und Palmbast.

Geier: die Gesundheitspolizei
Im Unterschied zu allen anderen Greifvögeln töten die Geier ihre Beute nicht selbst und sind so etwas wie die Gesundheitspolizei der Natur.

Mönchsgeier
(Südl. Eurasien;
Steppe, Karst, Halbwüste; 100 cm)
Er baut sein breites Nest auf Baumspitzen oder auf Felsvorsprüngen.

Gemeinsam auf Beutesuche
Geier sind großartige Flieger, zumeist Gleiter. Sie kreisen unablässig am Himmel und machen auch die kleinsten Anzeichen für Nahrung ausfindig: die Bewegung von Tierherden in der Savanne, andere Geier oder Raben, die sich auf einer Beute niederlassen. Mit Ausnahme einiger Arten wie dem Schmutzgeier und dem Mönchsgeier leben die Geier in Schwärmen. In der Gruppe finden sie leichter Nahrung als allein.

Adler

Alle großen Haubenadler jagen Affen in den Bäumen.

Affenadler
(Philippinen; tropischer Wald; 90 cm)

Ordnung: Greifvögel
Familie: Habichtartige
Unterfamilien: Bussardartige, Schlangenadler, Fischadler
9 Gattungen, 40 Arten
Überall außer in der Antarktis

Große tagaktive Greifvögel

Adler sind die stärksten und, nach den Geiern, die größten tagaktiven Greifvögel. Sie haben scharfe Augen, einen kräftigen Schnabel und gefiederte Beine. Wie bei den Bussarden sind ihre Zehen mit

Ein Seeadler greift einen Fisch, der an der Wasseroberfläche schwimmt.

scharfen Krallen versehen, und die Geschlechter sind kaum zu unterscheiden, während bei den anderen Greifvögeln die Weibchen größer sind als die Männchen.

Gleiter mit riesigen Schwingen

Wie die Bussarde gleiten die Adler mehr als sie fliegen: Nur an ihren langen Flügeln, deren Schwungfedern an den Enden weit gespreizt sind, kann man sie unterscheiden. Die kleinsten Adler – der Zwergadler und der Habichtadler – haben etwa 120 cm Spannweite, bei den größeren beträgt sie über 200 cm.

Seeadler (Grönland, gemäßigtes Eurasien; Uferregionen; 85 cm)
Der Seeadler fliegt in geringer Höhe und beobachtet das Wasser. Schräg gleitet er auf die Fische zu und greift sie mit seinen Krallen.

Schreiseeadler (Afrika; Uferregionen; 60–72 cm)

Kronenadler (Tropisches Amerika; Wald; 80–100 cm)

Der Kaiseradler baut sein Nest in Felsnischen, die etwa auf der Höhe der Baumgrenze liegen. Die Alpenwiesen, auf denen er seine Beute jagt, erstrecken sich noch über den Felsen. So genügt es, wenn er sich einfach gleiten läßt und langsam absinkt, um seine schwere Beute zum Horst zu bringen.

Drei Gruppen von Adlern

Die „echten" Adler der Gattung Aquila

Außer dem Gurney-Adler, der in den dichten Wäldern Neuguineas und der Molukken zu Hause ist, bevorzugen die „echten" Adler in der Regel freie Räume. Manchmal ernähren sie sich von Aas. Der mächtigste unter allen, der Kaiseradler (220 cm Spannweite), ist z. B. in der Lage, ein krankes oder durch die Kälte geschwächtes Zicklein zu ergreifen.

Haubenadler

Die Haubenadler sind eine besondere Gruppe der Adler in tropischen Gebieten. Außer dem sehr mächtigen Kampfadler, der in der Savanne heimisch ist, leben diese Greifvögel, deren Köpfe mit Federkronen geschmückt sind, vor allem in Tropenwäldern.

Seeadler und Fischadler

Die Seeadler leben an den Meeresküsten oder an den Ufern von Binnenseen und Flüssen. Sie ernähren sich von Fischen und Wasservögeln. Alle Fischadler stoßen schrille, laute Schreie aus. Manche unter ihnen erreichen beeindruckende Größen.

„Echte" Adler
1 Kaiseradler
(Nördl. Halbkugel; Hochprärie, Wald, Steppe; 80–95 cm)

Haubenadler
2 Harpyie
(Tropisches Amerika; Wald; 80–100 cm)

Seeadler
3 Weißkopfseeadler
(Nordamerika; Uferregionen; 72 cm)
4 Riesenseeadler
(Japan, Korea, nördl. Fernost; Uferregionen; 110 cm)

Andere Greifvögel
5 Schlangenadler
(Asien; Wald; 60 cm)
6 Gaukler
(Afrika; offener Wald, Savanne; 57 cm)

Der Riesenseeadler (280 cm Spannweite) ist der größte Adler.

Falken, Bussarde und Sperber

Ordnung: Greifvögel
Familie: Falken
28 Gattungen
274 Arten
Alle Kontinente außer der Antarktis

Tagaktive Greifvögel
Falken, Bussarde und Sperber stellen mit den Adlern und den Geiern die Ordnung der Falconiformes oder tagaktiven Greifvögel dar. Sie alle sind Jäger, die mit einem gekrümmten Schnabel und scharfen Krallen bewehrt sind.

Flügel, Schnäbel und Krallen

Wanderfalke
Spitze Flügel und spindelförmiger Körper, er kann sehr schnell fliegen.

Habicht
Kurze Flügel, langer Schwanz, länglicher Kopf. Dieser im Wald lebende Greifvogel gleitet zwischen den Bäumen hindurch.

Adler
Weite Flügel, kurzer Schwanz. Er gleitet über sein Jagdrevier dahin.

Turmfalke
(Eurasien, Afrika; freie Räume; 33 cm)
Der Turmfalke kann in der Luft stehenbleiben. Das nennt man „rütteln". Dann stürzt er sich auf seine Beute.

Unter den tagaktiven Greifvögeln unterscheidet man: die Falken, die ihre Beute mit ihrem Schnabel töten und in Höhlen oder auf Plattformen horsten, und die

Wanderfalke
(Überall, außer
Antarktis;
freie Räume;
45 cm)

Habichte (fast alle anderen Greifvögel), die ihre Beute mit Hilfe ihrer starken Krallen töten und ihre Horste zumeist in den Bäumen anlegen.

Abende voll Wind auf meiner antiken Erde,
wo der Falke herabstürzt, hinein in die Schächte
der Luft, zwischen einem und einem anderen
Glockenturm.
                    Maria Luisa Spaziani

Aufgrund seiner außergewöhnlichen Geschwindigkeit (bis 300 km/h) kann der Wanderfalke seine Beute im Flug und im freien Gelände fangen.

Gänsegeier

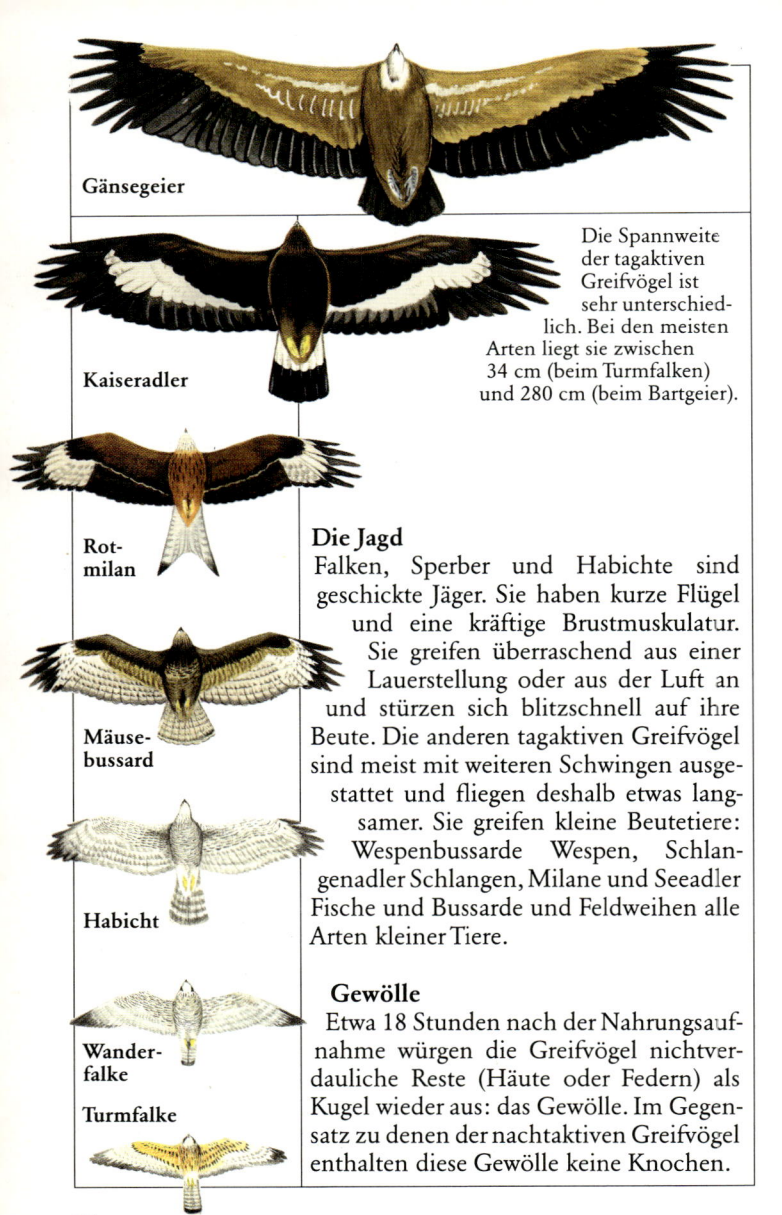

Kaiseradler

Die Spannweite der tagaktiven Greifvögel ist sehr unterschiedlich. Bei den meisten Arten liegt sie zwischen 34 cm (beim Turmfalken) und 280 cm (beim Bartgeier).

Rotmilan

Mäusebussard

Habicht

Wanderfalke

Turmfalke

Die Jagd

Falken, Sperber und Habichte sind geschickte Jäger. Sie haben kurze Flügel und eine kräftige Brustmuskulatur. Sie greifen überraschend aus einer Lauerstellung oder aus der Luft an und stürzen sich blitzschnell auf ihre Beute. Die anderen tagaktiven Greifvögel sind meist mit weiteren Schwingen ausgestattet und fliegen deshalb etwas langsamer. Sie greifen kleine Beutetiere: Wespenbussarde Wespen, Schlangenadler Schlangen, Milane und Seeadler Fische und Bussarde und Feldweihen alle Arten kleiner Tiere.

Gewölle

Etwa 18 Stunden nach der Nahrungsaufnahme würgen die Greifvögel nichtverdauliche Reste (Häute oder Federn) als Kugel wieder aus: das Gewölle. Im Gegensatz zu denen der nachtaktiven Greifvögel enthalten diese Gewölle keine Knochen.

Habicht (Eurasien, Nordamerika; Wald; 55 cm)
Er ist der größte Habicht.

*über dem schnee
die kleinen vögel
jagen den
bussard zu tode, den
jäger des forstes.*

Klaus Rahn

Wespenbussard
(Eurasien; 55 cm)
Er ähnelt dem Mäusebussard.

Schlangenadler
(Eurasien, Nordafrika;
bedeckte Räume
und Wald; 65 cm)

Rohrweihe (Eurasien,
Australien, Neuseeland; Sumpf; 52 cm)
Das Weibchen dreht
sich auf den Rücken,
um im Flug die Beute
zu greifen, die ihr das
Männchen bringt.

Fischadler
(Überall, außer
Antarktis;
Küsten- und
Uferregionen;
60 cm)

Großfußhühner, Hokkos und Schakuhühner

Ordnung:
Hühnervögel
Familien: Großfuß-
hühner, Hokkos
18 Gattungen
56 Arten
Südliche Halbkugel,
tropisches Amerika

Hühnerähnliche Baumvögel
Die Hokkos und die Großfußhühner unterscheiden sich von den anderen Hühnervögeln durch einen stark entwickelten, weit hinten liegenden Zeh, der es ihnen erlaubt, auf einem Ast zu sitzen.

Helmhokko
(Südamerika; tropischer Wald; 90 cm)

Hokko
(Südamerika; tropischer Wald; 94 cm)

Bergguam
(Südamerika; tropischer Wald; 50 cm)

Thermometerhuhn (Australien; Savanne, Halbwüste). Das Pärchen gräbt eine große Brutmulde in die Erde. Einige Großfußhühner bauen regelrechte Brutapparate. Die Sonne stellt bei den Thermometerhühnern die Wärmequelle dar, bei den Buschhühnern wie den Talegallas ist es die Gärungswärme der Pflanzen, manchmal sogar die Energie der Vulkane.

Hokkohühner wie der Hokko, der Helmhokko, der Bergguam und das Schakuhuhn sind Waldvögel, die sich von Früchten und Körnern ernähren. Sie haben eine sehr kräftige Stimme, und auf ihrem Kopf befinden sich verknöcherte Auswüchse.

1 Talegalla
(Ostaustralien; tropische und subtropische Wälder)

2 Schakuhuhn
(Südamerika; tropischer Wald; 90 cm)

3 Schakutinga
(Südamerika; tropischer Wald; 90 cm)

Rauhfußhühner und Schneehühner

Ordnung:
Hühnervögel
Unterfamilie:
Rauhfußhühner
6 Gattungen, 16 Arten
Eurasien (nicht-tropisch) und
Nordamerika

Vögel der Kälteregionen

Angepaßt an Kälte und Schnee, besitzen die Rauhfußhühner ein dichtes Daunenkleid unter ihren Deckfedern. Ihre Nasenlöcher sind ebenso mit Federn bedeckt wie ihre Füße. Im Winter wächst auf den Zehen der alpinen Schneehühner, die in den kältesten Regionen vorkommen, ein dichtes Federkleid, das gleichzeitig als „Schneeschuh" und als Kälteschutz dient. Bei den anderen Rauhfußhühnern wirken zwei hornige Grannen an jedem Zeh wie Spikes und verhindern, daß die Vögel ausrutschen.

1 Kragenhuhn (Nordamerika; Wald; 42 cm)
2 Präriehuhn (Zentrales Nordamerika; Prärien; 47 cm)
3 Alpenschneehuhn (Nördl. Eurasien und Nordamerika; alpine Wiesen; 35 cm)

Wintergefieder

Sommergefieder

Die Paarungszeit der Birkhühner liegt zwischen März und Juni. Der Hahn breitet seine Federn aus, macht abgehackte Sprünge und verteidigt sein Revier.

1 Birkhuhn (Eurasien; borealer und Bergwald mit Lichtungen; 53 cm)

2 Auerhühner (Eurasien; borealer und Bergwald; 85 cm, bis 8 kg)
Einer der größten Vögel im Nadelwald

Balz des Auerhahns. An seinem gewohnten „Singplatz", auf einer Lichtung, macht er mit gespreiztem Schwanz und aufgestellten Federn schnalzende und knirschende Laute.

Rebhühner und Wachteln

Ordnung:
Hühnervögel
Familie: Fasanenvögel
Unterfamilie:
Rebhühner
34 Gattungen
135 Arten
Alle gemäßigten und tropischen Regionen

Kalifornische Schopfwachtel
(Südwestl. Nordamerika; Wald; 20 cm)

Tropfenförmige Vögel
Unter den Hühnervögeln heben sich die Rebhühner durch ihre Tropfform, ihr eher unscheinbares Federkleid und durch ihre kurzen Flügel, Schwänze und Schnäbel ab. Sie sind Allesfresser, und außer einigen seltenen Waldarten wie der Straußwachtel sind die Rebhühner auf freien Flächen wie Steppen, Prärien, Savannen und Feldern zu Hause.

Besondere Wachteln
Wachteln besitzen längere und spitzere Flügel, ein Zeichen für ihre bessere Flugfähigkeit; einige unter ihnen sind sogar Zugvögel. Nur die amerikanischen Rebhühner oder Schopfwachteln tragen eine Haube.

Shukasteinhuhn (Tibetische Hochebenen; 60 cm). Eine Art großes Rebhuhn. Es ist an die Kälte in hochgelegenen Regionen angepaßt.

Als Steppenvögel folgen die Rebhühner dem Menschen auf die Felder, wenn er die Wälder rodet.

1 Rebhuhn
(Eurasien; Steppe, Felder; 30 cm)
2 Steinhuhn
(Eurasien; Gebirge, Felsen; 33 cm)
3 Frankolin
(Afrika; Savanne; 35 cm)
4 Straußwachtel
(Südöstl. Asien; Wald, Buschwerk; 25 cm)
5 Chinesische Zwergwachtel
(Afrika, südl. Asien, Australien; Blattwerk, Sumpf; 12 cm)

Fasane, Satyrhühner und Kammhühner

Ordnung:
Hühnervögel
Familie: Fasanartige
3 Unterfamilien:
Rauhfußhühner, Feldhühner, Satyrhühner
75 Gattungen
204 Arten
Eurasien

1 Wallich-Fasan
(Himalaja; Wald;
115 cm)

2 Königsfasan
(Stammt aus China;
Wald; bis 180 cm)

Farbenprächtige Vögel

Fasane sind Einzelgänger. Die Männchen tragen leuchtendbunte Gefieder. Fasane stammen aus dem fernöstlichen und aus dem südlichen Asien. Da man ihr Aussehen schätzte, wurden einige Arten, wie Fasane und Pfauen, in Europa angesiedelt. Außer den Satyrhühnern, die nahe mit den Rebhühnern verwandt sind, zeichnen sie sich alle durch lange Schwanzfedern bei den Männchen aus, mit denen sie beim Balzen Räder schlagen können. Die Mehrzahl der Kammhühner besitzt auf und unter dem Kopf Federhauben oder rote Hautauswüchse, die man Kamm nennt.

3 Mongolikusfasan
(Eurasien; Wald; 70–90 cm)
4 Goldfasan
(Stammt aus China; Dschungel; 70 cm)
5 Blauer Pfau
(Indien; Dschungel, Felder; bis 200 cm)
6 Glanzfasan
(Himalaja; Hochwiesen; 70 cm)
7 Temminck-Satyrhuhn
(Nordostindisches Bergland; Wald; 70–80 cm)
8 Rot-Satyrhuhn
(Himalaja; Hochwälder; 70 cm)
9 Pfaufasan (Südostasien; Wald; 90 cm)
10 Bankivahuhn
(Südostasien; Bambuswald, Dschungel; 65 cm)
Stammform des Haushuhns

Truthähne und Perlhühner

Ordnung:
Hühnervögel
2 Unterfamilien:
Truthühner, Perlhühner
7 Gattungen, 8 Arten
Nord- und Zentral-
amerika, Afrika

Pfauentruthuhn
(Zentralamerika; Wald-
rand, Savanne; 100 cm)

Am Boden lebende Vögel
Der in den lichten Wäldern Nordamerikas lebende Wilde Truthahn ist der Vorfahre des Haustruthahns. Das Hausperlhuhn stammt vom Gemeinen Perlhuhn ab, das in der afrikanischen Savanne vorkommt. Diese großen Hühnervögel fliegen nur selten. Sie leben zumeist am Boden, wo sie Pflanzen und Insekten picken. Die Männchen sind größer als die Weibchen

Wilde Truthähne
(Südl. Nordamerika; lichter Wald; bis 125 cm)
Mit gespreiztem Schwanz und gestellten Federn ist der Truthahn fast doppelt so groß wie mit angelegten Federn. So „aufgeblasen" stolziert er auf und ab und wirbt kollernd um die Henne.

Bis zu 2000 Perlhühner versammeln sich manchmal während der Trockenzeit in nahrungsreichen Gebieten der Savanne. Bei Gefahr stoßen sie schrille Warnschreie aus.

und besitzen Sporen an den Füßen, die als Angriffswaffe dienen. Beim Kampf um die Vorherrschaft in der Gruppe kommt es vor, daß ein Truthahn den anderen tötet.

Der scheue Kongo-Pfau

Sein abgeschiedenes Leben im dichten Wald hat den Kongo-Pfau vor der Neugier der Menschen geschützt: Der Vogel wurde erst 1936 entdeckt. Er gehört zur Familie der Pfauen, unterscheidet sich von ihnen aber durch das Fehlen der runden, „Augen" genannten Flecken auf dem Gefieder und durch seinen kürzeren Schwanz. Seine Körperform erinnert vielmehr an die der Perlhühner.

Perlhühner (Afrika; Savanne; 50 cm)

1 Geier-Perlhuhn (Ostafrika; Trockensteppe; 70 cm)
2 Hauben-Perlhuhn (Afrika; tropischer Wald; 50 cm)
3 Kongo-Pfau (Zaire; tropischer Regenwald; 60–70 cm)

Während der Kongo-Pfau tagsüber auf dem Boden lebt, ohne einen Laut von sich zu geben, verbringt er die Nacht auf Bäumen, wo Hennen und Hähne hin und wieder laute Schreie ausstoßen.

Rallen und Teichhühner

Ordnung:
Kranichvögel
11 Familien:
u. a. Rallen, Sonnenrallen, Binsenhühner, Kagus
Bei den Rallen:
45 – 53 Gattungen
131 – 140 Arten
Alle gemäßigten und tropischen Regionen

Wachtelkönig
(Eurasien; 26 cm)
Ihr wie „krex, krex" klingender Schrei, eine Art Röcheln, hat ihnen ihren wissenschaftlichen Namen *Crex crex* eingetragen.

Vögel im Sumpf
Rallen und Teichhühner leben versteckt zwischen den Gräsern, die am Ufer von Seen und Flüssen wachsen. Sie besitzen einen starken, eher kurzen Schnabel. Ihre langen Zehen verhindern das Einsinken in den weichen Boden der sumpfigen Gebiete. Im Unterschied zu den Bläßhühnern schwimmen diese Vögel nur wenig, und ihr Flug ist schwer und ungelenk. Bei Gefahr verstecken sie sich unter den Uferpflanzen. Obwohl sie nicht besonders gut fliegen können, unternehmen die Vögel im Winter Wanderungen. Manche auf Inseln vorkommende Arten wie der Takahe, die Ralle, die Weka-Ralle oder der Kagu können allerdings gar nicht oder nur sehr schlecht fliegen.

Afrikanisches Binsenhuhn (Afrika; 26 cm)

1 Weka-Ralle
(Neuseeland; 53 cm)
2 Takahe
(Neuseeland; 50 cm)
3 Sonnenralle
(Tropisches Amerika; 41 cm)

Balzende **Kagus**
(Neukaledonien; 55 cm)

Gemäßigte Breiten und Tropen
4 Sultanshuhn (48 cm)   **5 Bleßhuhn** (38 cm)
6 Wasserhuhn (33 cm)   **7 Wasserralle** (28 cm)

Kraniche

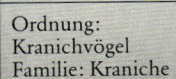

Ordnung:
Kranichvögel
Familie: Kraniche

2 Unterfamilien:
Echte Kraniche,
Kronenkraniche
4 Gattungen
13 Arten

Elegante Schreitvögel
Die Kraniche mit ihren langen Schnäbeln, Beinen und Hälsen sind Sumpfvögel. Elegant schreiten sie durch das flache Wasser. Ihre kräftigen Schreie gleichen Trompetenstößen.
Beim Fliegen machen die Kraniche den Hals lang und strecken die Beine nach hinten. Wenn es kalt ist, ziehen sie allerdings die Beine an und verstecken sie im Brustgefieder.

Der Tanz der Kraniche

Während der Balz, aber manchmal auch ohne erkennbaren Grund, beginnen Kraniche einen seltsamen Tanz: Sie senken den Kopf, heben ihn wieder, indem sie die Schwingen ausbreiten, springen hoch, während sie mit den Flügeln schlagen. Immer paarweise stoßen sie Schreie aus und werfen kleine Gegenstände wie Kiesel, Federn oder Gräser mit ihrem Schnabel in die Luft.

Kraniche leben in der sumpfigen Umgebung von Binnengewässern, kommen aber auch häufig auf Feldern und in Steppen vor.

Mandschuren-Kranich
(Japan, Korea, Mandschurei; 130 cm)

Ein Kronenkranich-pärchen, gefolgt von seinen Küken

Der lange Schnabel dient dazu, Wurzeln herauszureißen, Körner zu picken oder Kleintiere zu fangen.

Kronenkranich
(Afrika; 95 cm)

Der Kranich, Symbol der Treue

Kranichpaare bleiben ein Leben lang zusammen und kehren alljährlich an denselben Nistplatz zurück. Mit Ausnahme des Kronenkranichs, der in Baumkronen nistet, legen alle Kraniche ihre Eier auf einsame, grasige ebene Stellen. Männchen und Weibchen brüten abwechselnd und versorgen auch gemeinsam die Jungen.

Sarus-Kranich
(Tropisches Asien; 150 cm)

Kranich
(Eurasien; 120 cm)

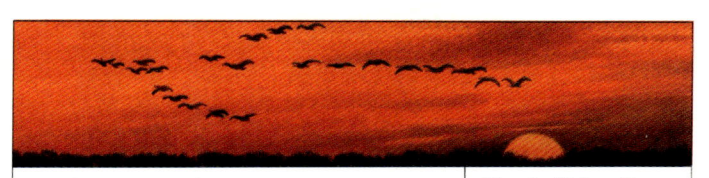

Große Zugvögel

Am Ende des Sommers, wenn die Jungen selbständig geworden sind, sammeln sich die Kraniche des nördlichen Eurasiens und Amerikas. In Familiengruppen verlassen sie die sumpfigen Gegenden, um den Winter in tropischen Gefilden zu verbringen: Begleitet von ihren Trompetenschreien, überqueren die Kraniche das Land. Sie fliegen in Form eines großen V. Im darauffolgenden Frühjahr kehren sie wieder in ihre Sommerquartiere zurück.

Paradieskranich
(Südl. Afrika; 100 cm)

Kanadischer Kranich
(Nordamerika; 100 cm)

Alle nördlichen Kraniche sind Zugvögel. Nur die tropischen Arten verlassen ihre Heimat nie.

Schreikranich

Sarus-Kranich

Kanadischer Kranich

Jungfernkranich
(Zentralasien, Nordafrika, Naher Osten; 95 cm)

Trappen, Seriemas, Trompetervögel, Rallenkraniche

Ordnung:
Kranichvögel
4 Familien: Trappen, Trompetervögel, Rallenkraniche, Seriemas
15 Gattungen
28 Arten
Eurasien, Afrika und Australien bei den Trappen; tropisches Amerika bei den anderen Familien

Die Männchen sind deutlich größer und kräftiger als die Weibchen und plustern ihr prächtiges Gefieder bei der Balz auf.

Die Nahrung der Trappen besteht aus verschiedenen Pflanzen und Kleintieren: Insekten, Heuschrecken, kleinen Nagetieren und Reptilien.

Große und kleine Trappen

Trappen kommen vor allem in trockenen Regionen vor: Steppen, Wüsten und Felder sind ihre bevorzugten Reviere. Die Großtrappen, Koritrappen, Arabischen, Indischen und Australischen Trappen zählen zu den größten Vögeln der Erde. Im Gegensatz zum schnellen, geschickten Flug der kleinen Trappen fliegen sie nur langsam.

Zwei männliche Koritrappen beim Kampf

1 Koritrappe
(Südl. und östl. Afrika; 6–11 kg). Dieser Riese der Savanne ist ein guter Flieger.
2 Zwergtrappe
(Eurasien, Nordafrika; 1 kg)
3 Kragentrappe
(Nordafrika, Asien; Wüsten; 2,4 kg)
4 Bengalischer Regenpfeifer
(Nördl. Indien; 2 kg)
5 Seriema
(Südamerika; bewaldete Savannen)
6 Rallenkranich
(Tropisches Amerika; 1 kg)
7 Weißflügel-Trompeter
(Amazonien; Wald; 1 kg)
Sein Gesang hat ihm den Namen „Trompetervogel" eingetragen.

105

Limikolen

Ordnung: Wat- und Möwenvögel
12 Familien
52 Gattungen
201 Arten
Küsten und Sümpfe überall auf der Welt

<u>Eurasien</u> (20–55 cm)
1 **Großer Brachvogel**
2 **Schwarzschwänzige Uferschnepfe**
3 **Kampfläufer**
4 **Kiebitz**
5 **Goldregenpfeifer**
6 **Waldschnepfe**
7 **Sumpfschnepfe**
(Eurasien, Amerika, Afrika)

Kleine Wasservögel
Mit langen, schmalen Füßen sind die Limikolen bestens dafür ausgerüstet, sich im seichten Wasser und auf dem Schlamm zu bewegen. Hals und Schnabel sind lang. So können sie Krustentiere, kleine Weichtiere und Würmer aufstöbern. Sie leben in Sümpfen, Feuchtwiesen und in der Tundra. Die Mehrzahl der Limikolen zieht im Winter in die Küstengegenden.

Austernfischer und Bekassinen

Mit seinen sehr langen Zehen kann das Blatthühnchen auf Seerosenblättern laufen.

Schnäbel als Werkzeuge

Der nach oben gebogene Schnabel des Säbelschnäblers (1) erlaubt es ihm, die Wasseroberfläche seitlich zu fegen; der gerade kräftige Schnabel des Austernfischers (2), Schalen und Muscheln zu öffnen; der lange und feine Schnabel des Stelzenläufers (3), kleine Insekten auf der Wasseroberfläche zu schnappen; der kleine, sehr feine Schnabel des Spornkiebitzes (4), Insekten und Würmer vom Boden aufzupicken; der robuste und kurze Schnabel des Weißgesicht-Scheidenschnabels (5), alles zu fressen. Sie alle leben in Trockengebieten.

1 Säbelschnäbler (Eurasien, Afrika; 43 cm)
2 Austernfischer (Eurasien; 43 cm)
3 Stelzenläufer (Eurasien, Afrika; 38 cm)
4 Spornkiebitz (Afrika; 26 cm)
5 Weißgesicht-Scheidenschnabel (Antarktis; 40 cm)
6 Blatthühnchen (Afrika; 25 cm)
7 Triel (Eurasien, Nordafrika; 41 cm)
8 Rennvogel (Afrika, südöstl. Asien; 23 cm)

Möwen, Seeschwalben und Raubmöwen

Ordnung: Wat- und Möwenvögel
Unterordnung: Möwenartige
4 Familien: Raubmöwen, Möwen, Seeschwalben, Scherenschnäbel
16 Gattungen
95 Arten
Alle Länder und Ozeane

1 Silbermöwe
(Küstenregionen der Nordhalbkugel; 60 cm)

2 Dreizehenmöwe
(Nordhalbkugel; 40 cm)

Vögel am Strand

Im Gegensatz zu den meisten Wasservögeln beherrschen Möwen und Seemöwen das Fliegen, das Gleiten, das Schwimmen und das Laufen ausgezeichnet. Sie ernähren sich von allem, was sie finden: Meereslebewesen, Insekten, Eier, verschiedene Pflanzen, und sie fressen sogar Aas und Ausscheidungen anderer Tiere.

Andere Küstenvögel

Die Seeschwalben sind besonders schlank und langgestreckt. Sie tauchen im Meer, um Fische zu erbeuten. Raubmöwen haben einen massiveren Körperbau und jagen anderen Vögeln die Beute im Flug ab. Die Scherenschnäbel dagegen pflügen mit ihrem Unterschnabel, der deutlich länger ist als der Oberschnabel, im Flug die Wasseroberfläche und fangen dabei Fische.

3 Raubmöwe (Antarktis, Nordatlantik; 58 cm)
4 Schwarzkopfmöwe (Eurasien; Lagunen, Seen, Küsten; 35 cm)   **5 Lachmöwe** (Meeresküste und Binnengewässer in Eurasien; 40 cm)
6 Schmarotzerraubmöwe (Arktische Küstenregionen; 46 cm)   **7 Feenseeschwalbe** (Tropische Meeresinseln; 30 cm)   **8 Rosenseeschwalbe** (Eurasien und Nordamerika; 35 cm)

Scherenschnäbel (Afrika, südl. Asien, Amerika; bis 45 cm)

Trauerseeschwalbe (Binnengewässer des östl. Eurasiens und Nordamerikas; 24 cm) Sie „tänzelt" über dem Wasser, um kleine Lebewesen zu erbeuten.

9 Raubseeschwalbe (Westl. Asien; Küsten, Binnengewässer; 50 cm)
10 Brandseeschwalbe (Europa; Küstengebiete; 40 cm)

Lummen, Tölpel und Papageitaucher

Ordnung:
Wat- und Möwenvögel
Unterordnung: Alkenvögel; **Familie:** Alke
13 Gattungen
22 Arten
Meeresküsten der nördl. Halbkugel

Seevögel

Die Gruppe der Alke gehört ebenfalls zu den Meeresvögeln. Alke nisten an den felsigen Küsten zwischen den gemäßigten und arktischen Zonen. Sie leben in großen Kolonien, die in den nordischen Regionen mehrere zehntausend Tiere umfassen können. Alke sind hervorragende Schwimmer und Taucher. Ihre Körperform ist dem Tauchen angepaßt, ihre Füße sind mit Schwimmhäuten versehen, und die Beine sitzen weit hinten am Rumpf.

Dicht nebeneinander brüten die Trottellummen. Diese enorme Ansammlung von Tieren hat eine abschreckende Wirkung auf Räuber (Seemöwen, Raben). Die Weibchen legen ihr einziges Ei auf den nackten Fels und erkennen es jederzeit wieder; die Eier sind alle verschieden gefärbt und gemustert.

1 Trottellumme
(Nördl. Atlantik und Pazifik; 42 cm)
2 Grylteiste
(Nördl. Atlantik und Pazifik, Arktis; 34 cm)
3 Krabbentaucher
(Arktis; 20 cm)

Unter Wasser bewegen sich die Alke durch Flügelschlagen vorwärts, als würden sie fliegen. So können sie bis in 10 m Tiefe vordringen und tauchen erst nach 1 – 2 Minuten wieder auf, den Schnabel voller kleiner Fische.

Papageitaucher leben nicht an steilen Felsküsten, sondern an Plätzen, wo sie Höhlen graben können. Da hinein legen sie dann ihr einziges Ei.

1 Tordalk (Nordatlantik; 44 cm)
2 Papageitaucher (Nordatlantik; 30 cm)
3 Schopflund (Nordpazifik; 40 cm)

Papageitaucher beim Fischen

Tauben, Turteltauben und Flughühner

Ordnung:
Taubenvögel
Familie: Tauben
und Flughühner
55 Gattungen
300 Arten

Turteltaube
(Westl. Eurasien,
nördl. Afrika;
bewaldete Regionen;
26 cm)

Vögel in der Stadt

Tauben erkennt man sofort an ihren gurrenden Lauten. Sie saugen Wasser auf, während sie den Schnabel im Wasser lassen. Bei der Balz vollführen sie ruckartige Verbeugungen, die sie mit vielen Gurrlauten begleiten. Sie besitzen einen stark entwickelten Kropf, aus dem sie die „Taubenmilch" hervorwürgen, mit der sie ihre Jungen füttern.

Felstaube
(Eurasien, nördl.
Afrika; Felsküsten,
Städte; 33 cm)

Trauertaube
(Nordamerika;
30 cm)

Ringeltaube
(Eurasien, Nordafrika;
Wald, Stadt; 40 cm)

Fliegende Flughühner

Die Familie der Flughühner
2 Gattungen, 20 Arten

Kragentaube
(Küste Bengalens, Japan, Freundschaftsinseln, Neuguinea; tropischer Wald; 40 cm)

Fächertaube
(Neuguinea; tropischer Wald; 80 cm)

Getarnte Vögel

Die Flughühner leben in trockenen Gebieten, wo es häufig keine Sträucher und Bäume gibt, unter denen sie sich verstecken könnten. Sie entkommen ihren Feinden dank ihrer perfekten Tarnung: Wenn sie unbeweglich auf dem Boden sitzen, sind sie nicht zu erkennen. In großen Gruppen fliegen sie täglich zu den wenigen Wasserstellen.

Spießflughuhn
(Nordafrika, südwestl. Eurasien; Trockenregionen; 37 cm)

Papageien

Ordnung: Papageien
Familie: Papageien
76 Gattungen, 326
Arten, 816 Unterarten
Tropische und subtropische Regionen

Schnabel als Werkzeug

Der Schnabel der Papageien ist ein vielseitig verwendbares Werkzeug. Er dient dazu, Körner aufzuknacken, das Gefieder zu reinigen und sich an Bäumen festzuhalten. Er besteht aus einem Oberschnabel und einem beweglichen Unterschnabel, die ineinandergreifen. Die Füße der Papageien ähneln denen der Spechte: Zwei Zehen sind nach hinten gerichtet, zwei nach vorn. So haben sie sicheren Halt auf den Ästen und können hervorragend klettern oder eine Nuß festhalten.

Kakadus
Papageien mit aufstellbaren Federhauben, die in den Savannen und Wäldern Australiens leben
1 Gelbhaubenkakadu (35 cm)
2 Rosakakadu (37 cm)
3 Arakakadu (80 cm)

Entenpapagei oder **Kakapo** (60 cm)
Flugunfähiger, nachtaktiver Papagei, der in den Bergen Neuseelands vorkommt.

11 Sonnensittich
(Amazonien; 23 – 42 cm)
12 Zwergara
(Amazonien; 38 cm)

Amazonen und Aras
Große Papageien der tropischen Wälder und Savannen Amerikas
4 Blaustirnamazone (26 – 47 cm)
5 Grünflügelara (78 – 90 cm)
6 Hyazinthara (98 cm)

Andere Papageien
7 Edelpapagei (Neuguinea, Australien; 38 cm)
8 Nonnenköpfchen (Australien; 38 cm)
9 Alexandersittich (Indien, Indochina; 45 cm)
10 Lori (Australien; 20 cm)

Kuckucke, Turakos und Hoazins

Ordnung:
Kuckucksvögel
2 Familien:
Kuckucke, Turakos
40 Gattungen
150 Arten

Kuckucke

1 Senegal-Spornkuckuck
(Afrika; Savanne, Dickichte; 40 cm)
2 Groß-Ani
(Amerika; tropischer Regenwald; 40 cm)

Klettervögel

Kuckucksvögel leben auf Bäumen. Sie haben lange Schwänze und Füße, die gut greifen können, wie es für Klettervögel typisch ist.

Zu den Kuckucksvögeln zählen u. a. Kuckucke, Spornkuckucke, Anis und Rennkuckucke. Sie sind vor allem Insektenfresser mit leicht nach unten gekrümmtem Schnabel. Viele Kuckucke der Alten Welt sind Brutschmarotzer, d. h. sie legen ihre Eier in die Nester anderer Vogelarten.

Die ausschließlich in Afrika vorkommenden Turakos unterscheiden sich von den Kuckucken durch ihren kürzeren Schnabel, ihre überwiegend pflanzliche Kost und ihr sehr buntes Federkleid. Nur der Braune Lärmvogel ist eher unscheinbar.

Schopfhühner

8 Hoazin (Südamerika; tropischer Regenwald; 60 cm) Das Junge klettert mit Hilfe der Klauen am Ellenbogen seiner Flügel an einem Ast entlang, um in sein Nest zu gelangen. Wenn das Tier ausgewachsen ist, verliert es diese Klauen.

3 Kuckuck (Eurasien, Nordafrika; bewaldete Gebiete; 33 cm)
4 Erdkuckuck (Nordamerika; Trockengebiete; 55 cm)

Turakos

(Afrika; tropischer Wald)

5 Hauben-Schildturako (45 cm)
6 Spitzhaubenturako (50 cm)
7 Riesenturako (70 cm)

Eulen und Käuze

Ordnung: Eulenvögel
Familien: Eulen,
Schleiereulen
28 Gattungen
144 Arten

Uhu
(Eurasien, Afrika;
bewaldete, felsige
Regionen; 70 cm)

Waldkauz
(Eurasien, Nordafrika;
bewaldete Gebiete;
40 cm)
Er zeichnet sich durch
sein dreisilbiges Rufen
aus.

Eine einheitliche Familie
Eulen stellen die Ordnung der nachtaktiven Greifvögel dar. Auch wenn ihre Größe sehr unterschiedlich ist – vom sperlingsgroßen Elfenkauz bis zum adlergroßen Uhu –, ähneln sie sich ansonsten in Aussehen und Verhalten sehr.

Waldohreule (Eurasien, Nordafrika, Nordamerika, Kanarische Inseln; 40 cm)
Sie lebt auf einzeln stehenden Bäumen und in kleinen Wäldchen offener Landschaften.

Schnee-Eule (Arktische Regionen; 60 cm)

Eulen haben einen kurzen, stark nach innen und unten gekrümmten Schnabel und scharfe Krallen. Ihre großen Augen liegen vorn am Kopf und sind von zwei hellen Federringen umgeben. Außerdem können Eulen ihren Kopf um 180° drehen. Sie jagen bei Nacht, in der Morgen- oder Abenddämmerung. So gut ihre räumliche Sehfähigkeit bei Zwielicht auch ist, nützt sie ihnen bei völliger Dunkelheit doch nichts. Dann richten sie sich nach dem Gehör, um kleine Säuger und Insekten zu fangen. Wie die tagaktiven Greifvögel spucken sie Gewölle mit Haut und Knochen ihrer Beute wieder aus.

1 Steinkauz
(Eurasien, nördl. Afrika; 22 cm)
Von einem Lauerplatz aus jagt er Insekten, kleine Vögel und Säuger.
2 Rauhfußkauz
(Eurasien, Nordamerika; 25 cm)
Er lebt in Nadelwäldern.
3 Schleiereule
(Überall; 25 cm)
Von hohen Gebäuden stürzt sie sich auf kleine Säugetiere.

Schwalme, Nachtschwalben und Tagschläfer

Ordnung:
Nachtschwalben
5 Familien
22 Gattungen
95 Arten
Ganze Welt außer arktische Regionen

Flaggenflügel-Ziegenmelker
(Afrika; Savanne nördl. des Äquators; 21 cm)

Vögel der Nacht

Schwalmvögel sind in der Dämmerung oder bei Nacht aktiv. Mit ihrem rindenfarbigen Gefieder und den Flaumfedern (kleine empfindliche Tastfedern) oberhalb des Schnabels ähneln sie den Eulen. Doch sonst verbindet sie nichts mit den nachtaktiven Greifvögeln. Ihre Augen liegen seitlich am Kopf und nicht vorn. Ihr Schnabel ist breit und schon hinter den Augen gespalten, und sie haben lange, spitze Flügel.

Fünf Familien gehören zu dieser Ordnung: die Fettschwalme, die Tagschläfer, die Schwalme, die Zwergschwalme, die in den tropischen Regionen vorkommen, und die Ziegenmelker (Nachtschwalben), die auf allen Kontinenten zu Hause sind.

Ziegenmelker
(Eurasien, Nordafrika; Heide, Brachfelder; 27 cm)
Er baut kein Nest, sondern legt seine Eier auf den nackten Boden.

Nachdem er den ganzen Tag mit halboffenen Augen geschlafen hat, wird der Ziegenmelker in der Dämmerung aktiv.

Der Fettschwalm nistet in Höhlen und kommt erst bei Anbruch der Nacht daraus hervor. Er findet seinen Weg mit Hilfe einer Art Radar wie die Fledermaus.

Tagschläfer
(Tropisches Amerika, Antillen; lichte Wälder, Felder; 40 cm)

Eulenschwalm
(Australien, Tasmanien; bewaldete Regionen; 33 – 47 cm)

Fettschwalm
(Nördl. Südamerika; Höhlen im Gebirge und an der Küste; 45 cm)

Segler, Kolibris und Trogone

Ordnungen: Seglervögel und Kolibris
Familien: Segler, Baumsegler, Kolibris
132 Gattungen (davon 112 bei den Kolibris)
ca. 430 Arten

Segler
(Eurasien, Afrika)
1 Mauersegler
(16,5 cm)
2 Alpensegler
(22 cm)

Kolibris
(Amerika; 2–20 g)
3 Rubinkolibri
4 Weißbauch-Amazilie
5 Rothalskolibri

Hervorragende Flieger

Ihre außerordentlichen Flugkünste, die durch ein stark entwickeltes Brustbein und durch lange Schwungfedern möglich sind, zeichnen die Segler und Kolibris aus. Kolibris bezeichnet man auch als „fliegende Juwelen", da sie ein glänzend bunt gefärbtes Gefieder haben.

Bunte Vögel in den Tropen

Zu zwei anderen Ordnungen gehören metallisch glänzende Vögel mit langen Schwänzen: die Trogone, die kurze Flügel haben, im Wald leben und Einzelgänger sind; und die Mausvögel: Schwarmvögel mit Hauben, die die bewaldete Savanne bewohnen.

Trogone
(Tropische Wälder außer Australien)
1 Quetzal
(Mexiko, Zentralamerika; Berg-Regenwald; 90 cm, davon allein 60 cm Schwanz)
2 Halsbandtrogon
(Amerika)
3 Zügeltrogon
(Südafrika; 29 cm)

Mausvögel
(Afrika)
4 Gestreifter Mausvogel (Savanne)
5 Rotzügel-Mausvogel
(Savanne, Waldsaum, Städte; ca. 30 cm, davon fast 20 cm Schwanz)

Nashornvögel, Wiedehopfe

Ordnung:
Rackenvögel
7 Familien
53 Gattungen
190 Arten

Spärlich bewaldete Gebiete

1 Bienenesser
(Afrika; 24 cm)
2 Spint
(Afrika; 20 cm)
3 Blauracke
(Afrika, Eurasien; 25–35 cm)
4 Wiedehopf
(Eurasien, Afrika; 28 cm)

Unterirdische Nester
Zu den Rackenvögeln gehören sehr unterschiedliche Familien, aber es gibt doch genügend Gemeinsamkeiten, um sie in einer Ordnung zusammenzufassen. Ihre Ähnlichkeiten bestehen in einem kräftigen Schnabel, einem vielfarbigen Gefieder und der Verbindung der drei längs miteinander verwachsenen Vorderzehen. Die Rackenvögel sind Höhlenbrüter, d. h. sie legen ihre Eier in unterirdischen Gängen oder in Baumhöhlen.

Tropischer Wald Amerikas

5 Motmot (33 cm)

124

Wasserläufe und Feuchtgebiete
6 Eisvogel
(Eurasien, Nordafrika; 16 cm)
7 Graufischer
(Afrika, tropisches Asien; 25 cm)

Bewaldete Savanne
8 Lachender Hans
oder **Kookaburra**
(Australien; 46 cm)
9 Toko
(Afrika; 56 cm)

Tropischer Wald in Afrika und Asien
10 Keulenhornvogel
(Afrika; 90 cm)
11 Doppelhornvogel
(Asien; bis 150 cm)

Tukane, Spechte und Bartvögel

Ordnung:
Spechtvögel
6 Familien
ca. 320 Arten
Alle bewaldeten Regionen der Welt

1 Glanzvogel
(Amerika; tropischer Wald; 30 cm)
2 Flammenkopfbartvogel
(Afrika; Steppe; 20 cm)
3 Bartvogel
(Afrika; Steppe; 20 cm)
4 Honiganzeiger
(Afrika; 19 cm)

Der Honiganzeiger hat seinen Namen daher, daß er Honigdachs und Mensch zu den Nestern wilder Bienen führt. Der Honiganzeiger lebt von Bienenwachs.

Baumbewohner

Dank ihrer Füße mit zwei nach vorn und zwei nach hinten gerichteten Zehen können Spechtvögel sich leicht an Ästen festhalten. Sie sind mit einem starken Schnabel ausgerüstet, mit dem sie ihre Nisthöhlen hacken: die Glanzvögel und die Faulvögel in der Erde, die anderen Spechtvögel in Baumstämmen.

Nest des Spechts

Das Trommeln der Spechte

Ihr beweglicher und starker Schwanz dient ihnen als Stütze, wenn die Spechte auf Holz trommeln, um die Larven, von denen sie sich ernähren, aus der Rinde zu treiben, oder um ihre Bruthöhle zu bauen. Dieses Trommeln ist gleichzeitig ihr Balz „gesang".

<u>Spechte</u>
(Alle Regionen; Wald)
1 Grünspecht
(Eurasien; 32 cm)
2 Buntspecht
(Eurasien; 23 cm)
3 Wendehals
(Eurasien; 16,5 cm)
4 Schwarzspecht
(Eurasien; 50 cm)

<u>Tukane</u>
(Amerika; tropischer Wald)
5 Regenbogentukan
(48 cm)
6 Riesentukan
(60 cm)

Sperlingsvögel

Ordnung:
Sperlingsvögel
4 Unterordnungen
67 Familien
470 Gattungen
über 5 000 Arten
Alle Kontinente
außer der Antarktis

Die Füße der Sperlingsvögel haben vier Zehen mit stark entwickelten Krallen, während der Daumen nach hinten gerichtet ist. Die Füße sind oberhalb des Gelenks mit Federn bedeckt.

Vögel in Städten und Wäldern
Spatzen, Meisen, Stare, Amseln, Elstern, Häher und Raben: Alle diese dem Menschen vertrauten Arten, in den Städten wie auf dem Land, gehören zu den Sperlingsvögeln. Aber sie bilden nur einen winzigen Teil der vielfältigen und artenreichen Ordnung, zu der allein etwa 5 000 der insgesamt ca. 8 000 bekannten Vogelarten gehören.

3 Schnurrvogel
(Tropisches Amerika;
8–16 cm)
4 Kotinga
(Tropisches Amerika)
5 Fliegenschnäpper
(Tropisches Amerika;
36 cm)
6 Roter Felsenhahn
(Südamerika; Urwald;
30 cm)
**7 Kamerun-
Felshüpfer**
(Westafrika)
8 Staffelschwanz
(Australien; 13 cm)
9 Breitrachen
(Asien)
10 Nektarvogel
(Afrika; Savanne;
14,5 cm)
11 Paradiesschnäpper
(Afrika; bewaldete
Savanne; 30 cm)
12 Pitta
(Tropisches Asien;
20 cm)
**1 Rotkopf- oder
Ameisenstelze**
(Tropisches Amerika;
21 cm)
2 Tangare
(Tropisches Amerika;
11–15 cm)

Star
(Afrika, Eurasien;
Feld; 21,5 cm)

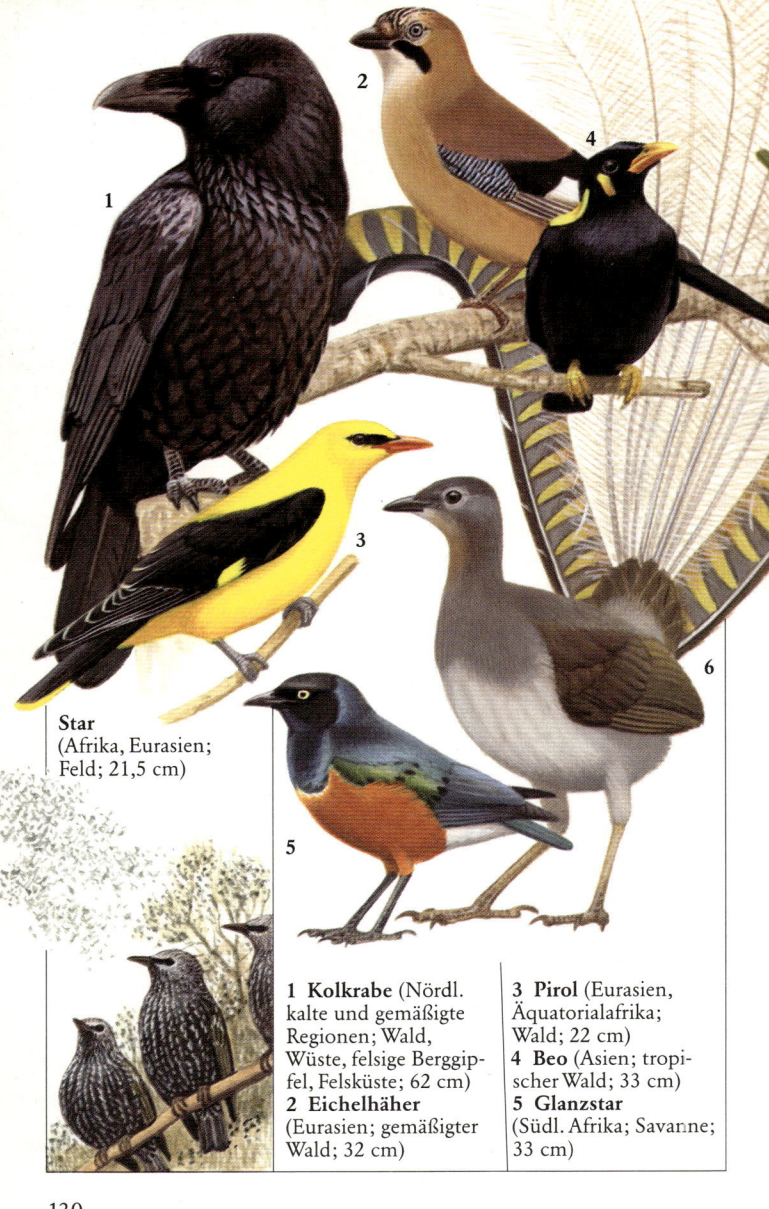

1 Kolkrabe (Nördl. kalte und gemäßigte Regionen; Wald, Wüste, felsige Berggipfel, Felsküste; 62 cm)
2 Eichelhäher (Eurasien; gemäßigter Wald; 32 cm)
3 Pirol (Eurasien, Äquatorialafrika; Wald; 22 cm)
4 Beo (Asien; tropischer Wald; 33 cm)
5 Glanzstar (Südl. Afrika; Savanne; 33 cm)

*Die Amseln haben
Sonne getrunken,
Aus allen Gärten strahlen die Lieder,
In allen Herzen nisten
die Amseln,
Und alle Herzen werden
zu Gärten
Und blühen wieder.*

Max Dauthendey

Um das Weibchen für sich zu gewinnen, baut der Seidenlaubenvogel aus kleinen Zweigen eine Laube, die er mit bunten Gegenständen schmückt.

6 Leierschwanz (Östl. Australien, Tasmanien; bis 100 cm)
7 Seidenbandparadiesvogel (Neuguinea; 110–120 cm)
8 Blauköpfiger Paradiesvogel (Neuguinea; 20 cm)
9 Kragenkopf (Neuguinea; 24 cm)
10 Großer Paradiesvogel (Südöstl. Neuguinea; 100 cm)
11 Seidenlaubenvogel (Östl. Australien; Wald; 32 cm)
12 Madenhacker (Afrika; Savanne; 22 cm)

Der Madenhacker sucht das Fell der großen Säugetiere nach Ungeziefer ab.

131

Wunderbare Sänger

Die Syrinx, das Stimmorgan der Vögel, ist bei den Sperlingsvögeln sehr gut entwickelt, besonders bei der Familie der Singvögel, zu der die größten Gesangskünstler gehören: Nachtigallen, Amseln, Drosseln.

Allesfresser

Sperlingsvögel sind ständig in Bewegung und auf der Suche nach Nahrung. Die einen, mit feinem Schnabel, sind vor allem Insektenfresser. Andere haben einen kräftigen Schnabel und ernähren sich von Körnern. Tatsächlich aber passen die Sperlingsvögel ihre Kost den Jahreszeiten an und dem, was für die Aufzucht der Jungen erforderlich ist.

Außergewöhnlich kluge Vögel

Sperlingsvögel sind sicher die am höchsten entwickelten Vögel. Sie verfügen über zahlreiche körperliche und geistige Fähigkeiten, darunter ein ausgezeichnetes Gedächtnis und eine außergewöhnliche Lebhaftigkeit. Den größten Teil ihres Lebens verbringen sie im Schwarm. Am Abend lassen sie sich in Gruppen auf Schlafbäumen nieder, von denen dann ohrenbetäubendes Zwitschern zu hören ist.

1 Steinschmätzer
(Eurasien, Nordafrika, Grönland, Alaska; Heide, Wüste, Tundra; 15 cm)
2 Haubenlerche
(Eurasien, nördl. Afrika; trockene Landschaften, Felder; 18 cm)
3 Rauchschwalbe
(Nördl. kalte und gemäßigte Regionen; Wiesen, Gebäude; 19 cm)
4 Bartmeise
(Eurasien; Sumpf; 16,5 cm)
5 Schilfrohrsänger
(Eurasien; Uferregionen; 13 cm)
6 Wasseramsel
(Eurasien, Nordafrika; schnellfließende Gewässer; 14–19 cm)
7 Seidenschwanz
(Europa, Nordamerika; borealer Wald; 18 cm)
8 Zaunkönig
(Nördl. kalte und gemäßigte Regionen; Wald, Heide, Gärten; 10 cm)
9 Rotkopfwürger
(Westeuropa, Mittelmeerküste; Gehölze, Obstgärten; 18 cm)
10 Blaukehlchen
(Eurasien; Sümpfe; 14 cm)
11 Rotdrossel
(Nördl. Eurasien; Tundra, Taiga, Gehölze; 21 cm)
12 Dorngrasmücke
(Eurasien; Gehölze, Savanne; 13,5 cm)

Die Nester der Webervögel haben den Eingang meist unten und gehören einem einzelnen Pärchen. Einige Webervogelarten, z. B. der Maskenweber, bauen aber Gemeinschaftsnester, die so groß sein können, daß sie fast das ganze Laubwerk eines Baums einnehmen.

Nestbauende Vögel

Alle Sperlingsvögel bauen Nester, in denen ihre Jungen schlüpfen und aufwachsen. Manche, wie die Webervögel, sind geschickte Baumeister, die aus Grashalmen erstaunlich stabile Nester flechten, die an Ästen hängen.

1 Mauerläufer
(Eurasien; Felsküsten; 17 cm)
2 Kleiber
(Südöstl. Europa, Naher Osten; Felsküsten; 14 cm)

3 Gouldamadine
(Australien; Savanne; 11 cm)
4 Kernbeißer
(Eurasien; Wald; 17 cm)
5 Fichtenkreuzschnabel
(Nördl. kalte und gemäßigte Regionen; Nadelwald; 16 cm)
6 Feldsperling
(Eurasien; Felder; 13,5 cm)
7 Webervogel
(Afrika; Savanne; 17 cm)
8 Blaumeise
(Eurasien; Wald; 11 cm)
9 Stirnvogel
(Amerika; tropischer Wald; 45 cm)
10 Witwe
(Afrika; Savanne; 18 cm)
11 Weidenmeise
(Eurasien; Wald, Garten; 11 cm)
12 Grünfink
(Eurasien; nordischer Wald und Bergwald; 12 cm)
13 Schneeammer
(Nördl. kalte und gemäßigte Regionen; hohe Gebirge, Tundra; 16,5 cm)
14 Roter Kardinal
(Nordamerika; Hecke, Vororte; 20 cm)

Die Säugetiere

Die Klasse der Säugetiere
Säugetiere sind ebenso wie Vögel in der Lage, ihre Körpertemperatur konstant zu halten. Von allen anderen Wirbeltieren unterscheiden sie sich aber dadurch, daß die Weibchen Milchdrüsen besitzen, mit denen sie ihre Jungen säugen. Außerdem haben sie in der Regel eine behaarte Haut (Fell) und ein gut entwickeltes Gehirn.

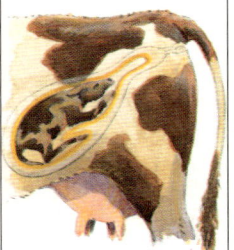

Drei Unterklassen der Säugetiere:
– **Eierlegende Säugetiere** oder **Prototheria** sind einfache Säuger, die sich durch das Legen und Ausbrüten von Eiern fortpflanzen.
– **Beuteltiere** oder **Metatheria** gebären einen Embryo, der den Großteil seiner Entwicklung in einer Bauchtasche des Weibchens, genannt Beutel, durchmacht.
– **Höhere Säugetiere (Eutheria)** oder **Plazentatiere:** Das Embryo entwickelt sich im Uterus (Gebärmutter) des Muttertiers. Dieser Unterklasse gehören der größte Teil der Säugetiere sowie der Mensch an.

Vier wichtige Ordnungen der Plazentatiere:
– **die Primaten:** Sie besitzen Hände, mit denen sie Dinge greifen und bearbeiten können, flache Nägel und ein besonders stark entwickeltes Großhirn.
– **die Raubtiere (Carnivora):** Sie ernähren sich von Fleisch, haben mit Krallen bewehrte Zehen und Eck- oder Reißzähne, mit denen sie Fleisch zerreißen können.
– **die Paar-** und **die Unpaarhufer:** Zu ihnen gehören alle Säugetiere, die Hufe statt Krallen oder Nägeln haben. Daher nennt man sie Huftiere.

Die Huftiere

Ordnungen		Familien
Unpaarhufer Sie haben eine ungerade Zahl von Zehen.		Pferde
		Tapire
		Nashörner
Paarhufer Sie haben eine gerade Zahl von Zehen.		Schweine
		Kamele
		Flußpferde
Unterordnung Die Wiederkäuer		Hirsche
	Auf ihrem Kopf wachsen Geweihe, mehr oder weniger verästelte Knochenauswüchse, die meist jährlich abgeworfen werden und wieder nachwachsen.	
	Auf ihrem Kopf wachsen Hörner, aus dicker Hornmasse und innen hohl, die nicht abgeworfen werden.	Rinder

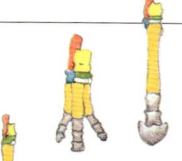

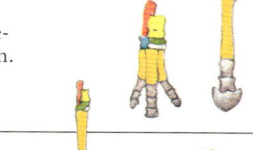

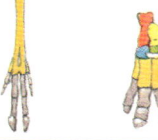

Die Wiederkäuer besitzen vier Mägen. Das nicht gekaute, sondern nur verschlungene Gras wird im größten Magen, dem Pansen, gespeichert. Durch den Netzmagen gelangt es wieder ins Maul, wird gekaut und ein zweites Mal geschluckt. Dann wird es im Blättermagen und Labmagen verdaut.

Ameisenigel und Schnabeltiere

Ordnung:
Kloakentiere
Familien: Ameisenigel, Schnabeltiere
3 Gattungen, 4 Arten
Australien, Neuguinea

Ein junger, 40 Tage alter Ameisenigel. Seine starken Grabepfoten, die alle Ameisenigel besitzen, sind bereits erkennbar.

2 Bruijn-Langschnabeligel
(Neuguinea; tropischer Regenwald; bis 10 kg)

Einfache Säugetiere

Obwohl Ameisenigel und Schnabeltiere einige Merkmale der Reptilien bewahrt haben – sie legen Eier, und ihre Haut weist Überreste von Schuppen auf –, zählt man sie zu den Säugetieren. Tatsächlich säugen sie ihre Jungen. Die Weibchen haben zwar keine Brustdrüsen, besitzen aber Milchdrüsen. Diese scheiden Milch aus, die auf ihr Bauchfell sickert und von den Jungen aufgesaugt wird. Schnabeltiere besitzen einen flachen Schnabel wie eine Ente. Der Schnabel des Ameisenigels ist rund und röhrenförmig wie beim Ameisenbär.

1 Australischer Kurzschnabeligel
(Trockener Wald; bis 6 kg)

Das Schnabeltierweibchen legt seine Eier in ein Nest am Ende eines langen unterirdischen Ganges.

Der Bau der Schnabeltiere liegt knapp über der Wasseroberfläche. Das Tier taucht ins Wasser und durchwühlt mit seinem flachen Schnabel den Grund nach Krabben, Nacktschnecken und anderen kleinen Wassertieren, von denen es sich ernährt.

Schnabeltier
(Australien, Tasmanien; Gewässer; 0,5 – 2 kg)

Känguruhs und andere Beuteltiere

Ordnung:
Beuteltiere
9 Familien
71 Gattungen
241 Arten
Australien, Neuguinea, Südamerika

Da in Australien ursprünglich keine höher entwickelten Säuger vorkamen, haben sich die Beuteltiere in vielen verschiedenen Arten entwickelt, die an die unterschiedlichsten Lebensbedingungen angepaßt sind.

Ein Säugetier auf zwei Beinen

Die wohl berühmteste Beuteltierfamilie Australiens ist die der Känguruhs. Ihre Lebensweise entspricht der der pflanzenfressenden Wiederkäuer auf den anderen Kontinenten.

Känguruhs stehen aufrecht auf ihren beiden extrem langen Hinterbeinen. Mit ihrem kräftigen Schwanz stützen sie sich ab und halten das Gleichgewicht. Auf ihren Hinterbeinen bewegen sie sich springend vorwärts. Dabei können sie Geschwindigkeiten von bis zu 50 km/h erreichen.

Die doppelte Geburt der Beuteltiere

Beuteltiere kommen als winzige Embryos zur Welt. Sobald sie geboren sind, kriechen sie in den Beutel am Bauch der Mutter und richten sich dort ein. Sie hängen sich an eine Zitze und bleiben dort, bis sie das Entwicklungsstadium eines neugeborenen Säugetiers erreichen.

Opossum
(Amerika; Wald;
40 – 45 cm)
Amerikanische Opossums: Familie der Beutelratten, die etwa 75 Arten umfaßt

Ein neugeborenes Beuteltier wiegt nur 1 – 2 g.

Känguruhs
(Australien, Neuguinea, Tasmanien)

1 Baumkänguruh
(Tropischer Wald; 70 cm)
2 Felskänguruh
(Steile Felsen; 65 cm, bis 9 kg)
3 Hasenkänguruh
(Savanne, Wüste; 40 cm)
4 Rotes Riesenkänguruh
(Savanne, Wüste; 1,60 m, bis 70 kg)

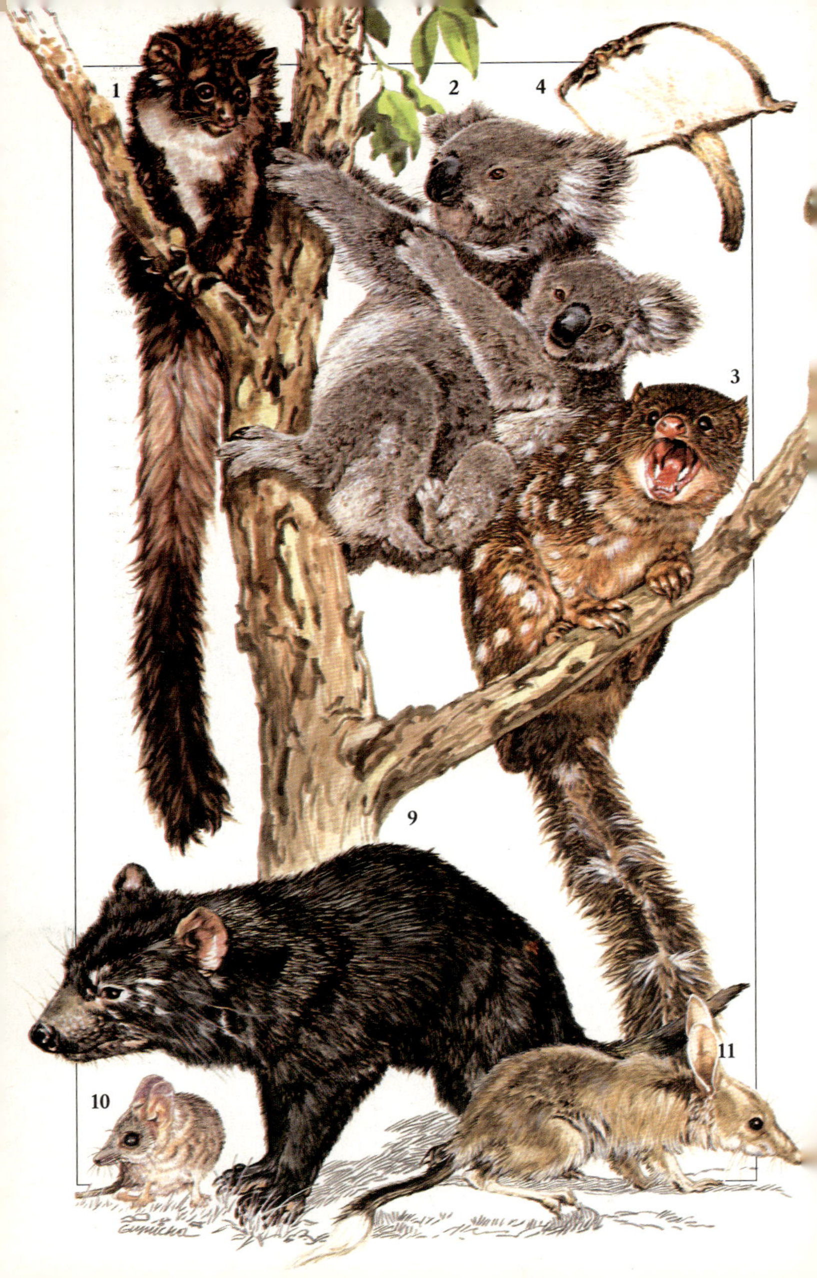
1
2
4
3
9
11
10

Beuteltiere
(Neuguinea, Australien)

Baumbewohner:
1 und **4 Riesenflugbeutler**
(Wald; 45 cm)
Er kann dank einer Haut, die die vorderen mit den hinteren Gliedmaßen verbindet, von einem Baumwipfel aus nach unten gleiten.
2 Koalabär
(Wald; 70 cm, 15 kg)
3 Fleckenschwanzbeutelmarder
(Wald; 35–75 cm)
5 Zwerggleitbeutler
(bis 7 cm)
6 Ringtail
(Wald; 19–45 cm)
7 Fuchskusu
(Wald, Savanne; 32–48 cm)
8 Kuskus
(Tropischer Wald; 27–65 cm)

Bodenlebende:
9 Tasmanischer Teufel oder **Beutelteufel**
(Wald; 50 cm, 9 kg)
10 Beutelmaus
(Savanne, Wald; 7–12 cm)
11 Nasenbeutler
(Wald; 17–50 cm)
12 Nacktnasenwombat
(Bewaldete Savanne; 95 cm, bis 30 kg)

Insektenesser

Ordnung:
Insektenesser
5 Überfamilien,
8 Familien, 60 Gattungen, ca. 370 Arten
Eurasien, Afrika,
Nordamerika,
nördl. Südamerika

Die Insektenesser sind klein und haben eine lange Schnauze, ein gutes Gehör, lange Tasthaare und können gut riechen.

Große Otterspitzmaus (Afrika; 300 g)

Schlitzrüßler (Kuba, Haiti; Wald; 1 kg)

1 Wasserspitzmaus (Eurasien; 10–20 g)
2 Pyrenäendesman (50–80 g)

Feldspitzmaus
(Europa, Nordafrika;
6 – 15 g)
Die Jungen halten sich beim Laufen mit ihren winzigen Zähnen im Fell des vorderen Tiers fest.

Im Wasser oder unter der Erde

Manche Insektenesser sind an das Leben im Wasser angepaßt. Die mit Schwimmhäuten versehenen Hinterpfoten des Desmans, die breiten Pfoten der Wasserspitzmaus und der abgeflachte Schwanz der Otterspitzmaus erleichtern es den Tieren, sich im Wasser fortzubewegen.
Andere Insektenesser leben unterirdisch in weitverzweigten Gängen: Maulwürfe graben richtige Labyrinthe mit ihren großen, nach außen gedrehten und mit starken Krallen bewehrten Vorderpfoten. Die im Dunkeln lebenden Tiere sind blind.

1 Spitzmausmaulwurf
(Asien; 6,3 – 8,8 cm)
2 Kapgoldmull
(Afrika; 9 – 14 cm)
3 Maulwurf
(Eurasien; 60 – 120 g)

Wüstenigel
(Nordafrika, Naher Osten; 400 – 700 g)

Igel (Eurasien; 450 – 1400 g)
Sein Rücken ist mit etwa
5000 2 – 3 cm langen
Stacheln versehen.
Sie richten sich auf,
wenn der Igel
sich einrollt.

Fledermäuse

Ordnung: Fledertiere
2 Unterordnungen:
früchtefressende
Fleder- oder Flughunde
und insektenfressende
Fledermäuse
19 Familien
187 Gattungen
951 Arten
Alle gemäßigten und
tropischen Regionen
der Welt

1 Hufeisennase
(Eurasien, Nordafrika;
4–7 cm)
2 Flughund
(Afrika, tropisches
Asien, Australien;
13–20 cm)

Fliegende Säugetiere
In der Klasse der Säugetiere sind die Fledertiere mit ihrer Flugfähigkeit einzigartig. Ihre vorderen Gliedmaßen haben sich zu Flügeln entwickelt: Am Arm und an den sehr langgestreckten Fingern spannt sich eine große, elastische Flughaut. Der verkümmerte Daumen trägt ebenso wie die

Vampir (Tropisches
Amerika; 7–9 cm)
Mit seinen langen,
scharfen Eckzähnen
durchbohrt er die
Haut der Säugetiere,
um ihr Blut zu lecken.

3 Großer Flughund
(Afrika, Australien,
Asien; 30–40 cm)
4 Zwergfledermaus
(Eurasien, Afrika,
Australien, Nordamerika; 3–5 cm)

5 Braunes Langohr
(Eurasien; 4–5 cm)

Die Zwergfledermäuse finden sich auf ihrer nächtlichen Jagd wie alle Fledertiere gut zurecht. Sie stoßen für uns Menschen unhörbar hohe Schreie (Ultraschall-Laute) aus. Diese werden von den Gegenständen oder Beutetieren wie ein Echo zurückgeworfen. So können Fledermäuse Hindernissen gut ausweichen und ihre Beute genau orten.

Zehen eine gekrümmte, scharfe Kralle. Zur Ordnung der Fledertiere zählen die Flederhunde und die großwüchsigen Flughunde, die sich von Früchten ernähren. Auch die Fledermäuse, die Insekten fangen und mehr Arten umfassen, gehören dazu.

Fledermäuse schlafen, indem sie sich mit ihren krallenbewehrten Zehen an die Decke von Höhlen und verlassenen Gebäuden hängen.

Lemuren, Loris und Fingertiere

Ordnung: Primaten
Unterordnung:
Halbaffen
Familien: Lemuren,
Indris, Katzenmakis,
Fingertiere, Loris
18 Gattungen
35 Arten
Tropischer Wald Afrikas, Madagaskars und Asiens

Mit ihren Greifhänden, greiffähigen Füßen und flachen Nägeln ähneln die Halbaffen stark den Affen. Von diesen unterscheiden sie sich vor allem durch spitzere Schnauzen und ein schwächer entwickeltes Großhirn.

Lemuren

Die Lemuren gibt es nur auf der Insel Madagaskar. Sie leben in kleinen Gruppen, und manche Arten, z. B. der Katta, kennzeichnen ihr Revier durch Duftmarken: Sie reiben dazu ihre Duftdrüsen in der Aftergegend gegen alle möglichen Gegenstände.

Katta
(Madagaskar;
2,3 – 3,5 kg)
Er schwenkt den mit Duftstoffen eingeriebenen Schwanz in Richtung seiner Artgenossen. Ähnlich verhält er sich auch gegenüber Eindringlingen. Er versucht sie damit zu beeindrucken und in die Flucht zu treiben.

Große madagassische Lemuren

Regenwald:

1 **Diademsifaka**
(6 – 8 kg)
2 **Mohrenmaki**
(2 – 2,9 kg)
3 **Vari**
(4 kg)
4 **Indri**
(7 – 12 kg)
5 **Halbmaki**
6 **Brauner Maki**
(1,9 – 2,6 kg)
7 **Larvensifaka**
(3,5 – 4,3 kg)

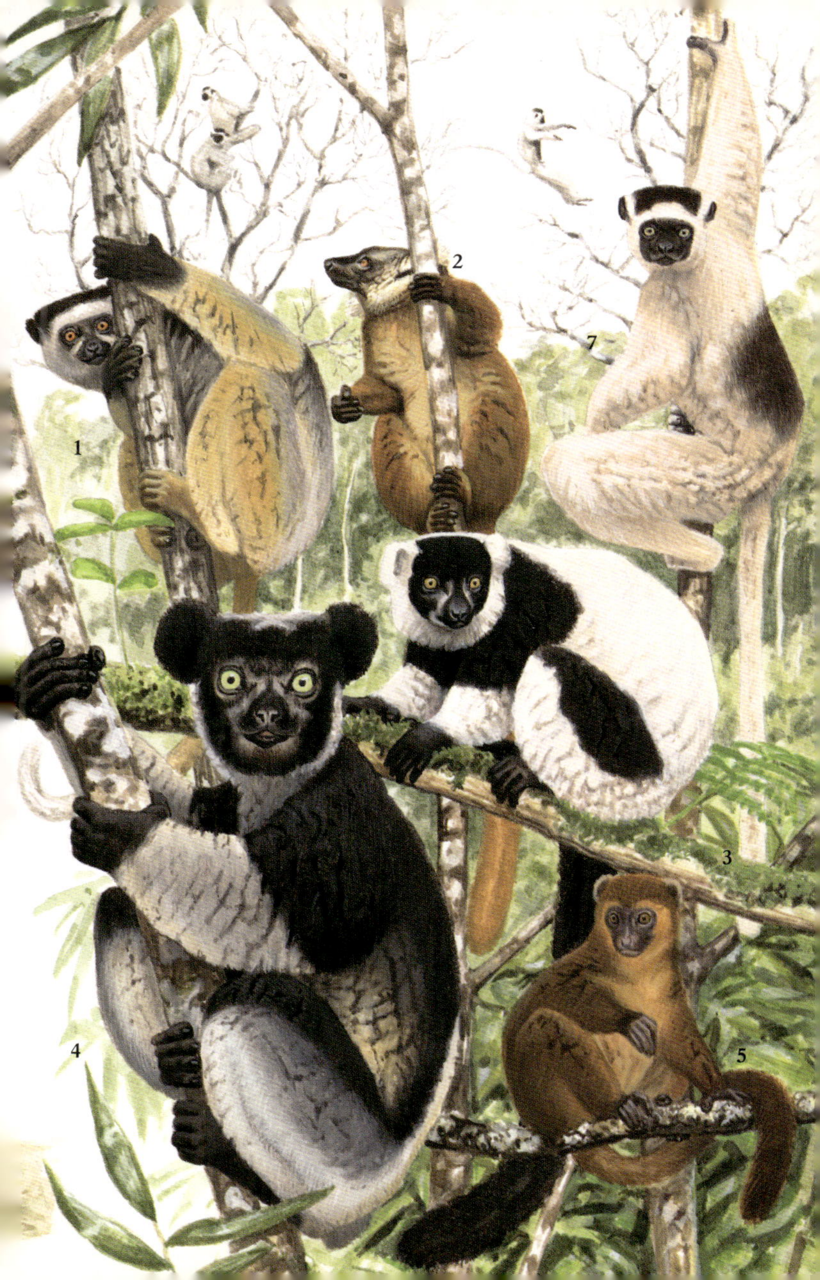
1
2
7
3
4
5

Die nachtaktiven Halbaffen

Akrobaten des Waldes
Alle Halbaffen außer dem Katta, der oft den Boden aufsucht, leben vor allem auf Bäumen. Manche Halbaffen wie der Larvensifaka und der Indri springen auf geradezu meisterhafte Weise von Baum zu Baum.

Eine abwechslungsreiche Kost
Die großen Lemuren ernähren sich vor allem von Früchten und Blättern. Die kleinen Halbaffen fressen außerdem Insekten, kleine Wirbeltiere, lecken Baumsäfte und Harz. Um an den Saft zu kommen, ritzen sie mit ihren scharfen unteren Schneidezähnen die Baumrinde an.

Loris und Koboldmakis:
1 Plumplori (Asien; 1,2 kg)
2 Schlanklori (Indien; 300 g)
3 Buschwaldgalago (Afrika; 260 g)
4 Celebes-Koboldmaki (Sulawesi; 150 g)

Spitzhörnchen:
5 Spitzhörnchen (Asien; 160 g)
Es ist am engsten mit den Insektenessern verwandt und damit einer der ursprünglichsten Primaten.

Die kleinen nachtaktiven Halbaffen

Nachtaktive madagassische Lemuren:

6 **Mausmaki** (65 g)
7 **Katzenmaki** (300 g)
8 **Gabelstreifiger Katzenmaki** (300 g)
9 **Kleiner Wieselmaki** (700 g)
10 **Fingertier** (2 kg)

Nächtliches Leben

Die kleinen Halbaffen wie die Makis, das Fingertier, die Koboldmakis und der Lori sind alle nachtaktiv. Auf diese Weise umgehen die afrikanischen Halbaffen den Wettstreit mit den tagaktiven Affen. Alle Halbaffen haben sehr große Augen, mit denen sie im Halbdunkel ausgezeichnet sehen können. Eines ihrer Augen ist so groß wie das gesamte Gehirn dieser Tiere. Das gute Sehvermögen erlaubt ihnen, auch nachts von Ast zu Ast zu springen und zu jagen.

Das Fingertier benutzt seinen langen, schlanken Mittelfinger, um Larven unter der Rinde hervorzuziehen oder um sich zu reinigen.

Amerikanische Affen

Ordnung: Primaten
2 Familien: Krallenaffen, Kapuzinerartige
16 Gattungen
51 Arten
Tropischer Regenwald, Amerika

1

2

Zwergseidenäffchen
(Häufig überschwemmte Wälder am Ufer des Amazonas; 120–190 g)
Die kleinsten Affen überhaupt

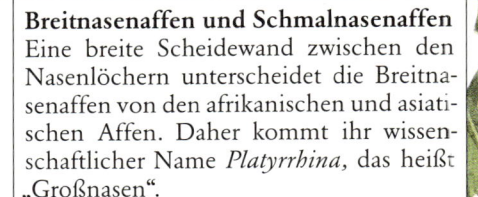

Breitnasenaffen und Schmalnasenaffen
Eine breite Scheidewand zwischen den Nasenlöchern unterscheidet die Breitnasenaffen von den afrikanischen und asiatischen Affen. Daher kommt ihr wissenschaftlicher Name *Platyrrhina*, das heißt „Großnasen".

1 Meerkatze (Afrika)
2 Grauer Springaffe (Amerika)

Alle amerikanischen Affen leben im Wald und auf Bäumen, keiner auf dem Boden. Ihr Großhirn ist weniger hoch entwickelt als das ihrer afrikanischen Vettern. Doch es gibt auch bei ihnen „Hochintelligente": die Kapuzineräffchen, lebhafte kleine Affen, die immer zu Streichen aufgelegt und sehr neugierig sind.

Der Greifschwanz

Ob Klammeraffen, Wollaffen, Brüllaffen oder Spinnenaffen, alle besitzen sie einen Greifschwanz, eine Eigenheit der Breitnasenaffen. Dieser lange, starke Schwanz ist wie ein fünftes Bein. Er dient ihnen als Stütze, um sich in den Bäumen festzuhalten, als Seil, um sich an einen Ast zu hängen oder um sich abzusichern wie die Bergsteiger; ja sogar als zusätzliche Hand, um etwas zu greifen. Die beweglichsten unter den Breitnasenaffen sind die Klammeraffen. Die Brüllaffen haben – wie ihr Name schon sagt – eines der gewaltigsten Stimmorgane in der gesamten Tierwelt.

Die Krallenaffen
Sehr kleine, farbige Affen, die sich wie Eichhörnchen verhalten. Sie haben kantige statt flache Nägel an den Greifhänden.

Weißbüscheläffchen
(Ostbrasilien; 16–31 cm; 85–560 g)
1 Weißbüscheläffchen
2 Gelbkopfbüscheläffchen
3 Silberäffchen

Tamarine
(Amazonien; 22–31 cm; 300–560 g)
4 Kaisertamarin
5 Lisztäffchen
6 Goelditamarin
7 Löwenäffchen

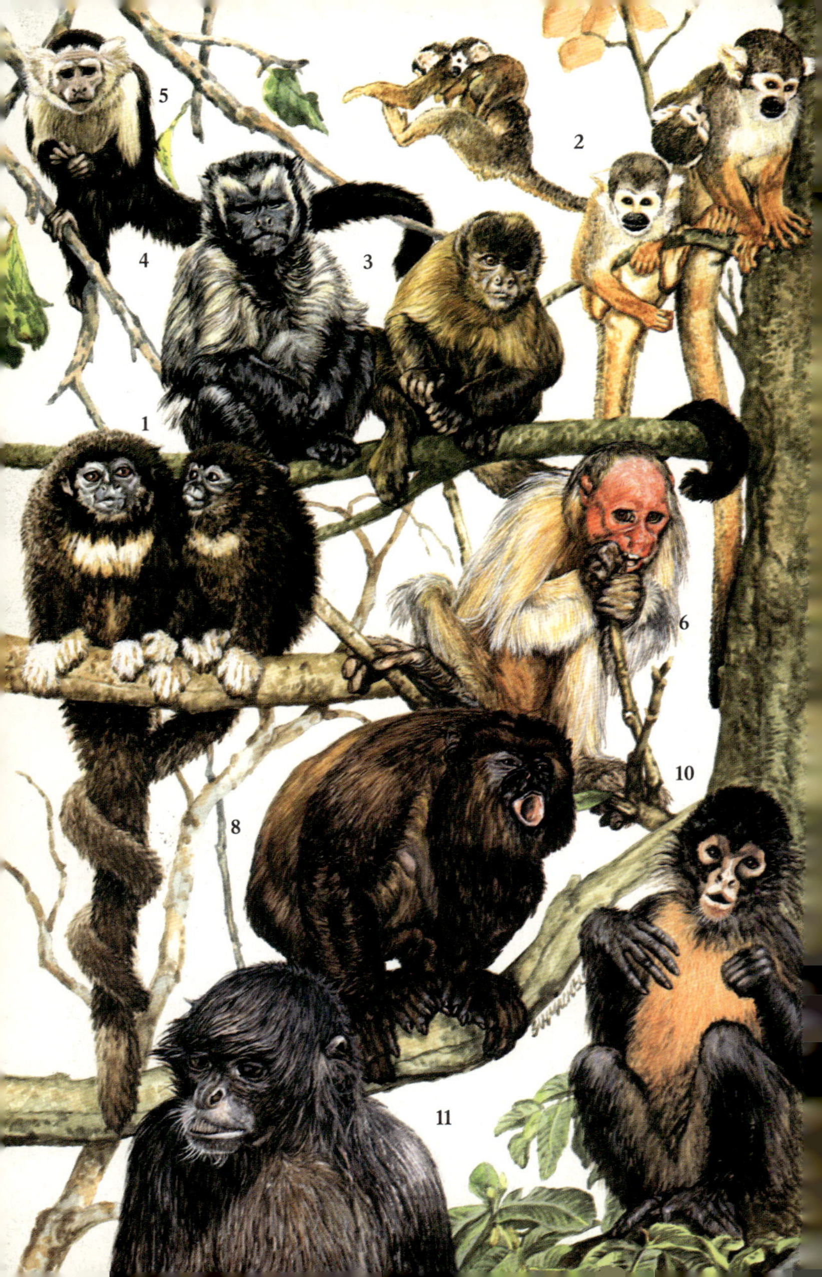
5
2
4
3
1
6
10
8
11

Kapuzinerartige

Sie sind größer als die Krallenäffchen und haben flache Nägel. Ein großer Teil von ihnen schwingt sich von Baum zu Baum und hat einen Greifschwanz.

Springaffen:
(0,7 – 1 kg)
1 Witwenaffe
(Nordbrasilien)

Kapuzinerartige:
(Zentral- und Südamerika; 2 – 4 kg)
2 Totenkopfäffchen
3 Apella
4 Brauner Kapuziner
5 Kapuzineräffchen

Uakaris und Schweifaffen:
(Sumpfige Wälder)
6 Roter Uakari
(4 kg)
7 Weißkopfsaki (1,5 – 2 kg)

Brüllaffen:
(5 – 8 kg)
8 Mantelbrüllaffe
(Zentralamerika, Anden)
9 Schwarzer Brüllaffe
(Südostamerika)

Klammeraffen:
(Zentral- und Südamerika; 34 – 59 cm)
10 Panama-Klammeraffe
(Zentralamerika)

11 Schwarzer Klammeraffe (Zentrales Südamerika, Brasilien)
12 Spinnenaffe (Südostbrasilien, bis 12 kg)

Wollaffen:
13 Wollaffe
(Amazonien; 12 kg)
Nachtaffe (Südamerika; Tropenwälder; 0,8 – 1,3 kg)

Paviane, Makaken und Meerkatzen

Ordnung: Primaten
Familie: Hundsaffen
8 Gattungen
45 Arten
Afrika, tropisches Asien, Japan

Anubispavian
(Afrika; Savanne; 10 – 25 kg)
Die feindliche Umwelt in der Savanne erzwingt eine strenge Disziplin bei den Pavianen. Die Herde wird von einem Leittier beherrscht, das Weibchen und Jungtiere streng überwacht.

Sehr gesellige Tiere

Die Meerkatzen sind lebhaft, laut und neugierig. Sie haben ein angeborenes Talent zur Nachahmung und leben gern in Gruppen. Die meisten von ihnen besitzen auch wenig Scheu vor Menschen. In Afrika unternehmen Paviane, Husarenaffen und Grüne Meerkatzen oft Streifzüge auf die Felder der Bauern und richten eine Menge Schaden an. In Indien kommen die Affen sogar mitten in die Stadt, um die Abfälle nach Eßbarem zu durchsuchen.

Backentaschen und lange Eckzähne

Die Meerkatzen ernähren sich von Früchten, Blumen und manchmal Insekten oder kleinen Wirbeltieren. In ihren geräumigen Backentaschen hat doppelt soviel Nahrung Platz wie im Magen. Ihr starkes Gebiß ist mit langen Eckzähnen bewehrt, und ihre Schnauze steht weit vor. Diese Merkmale sind bei den Pavianen besonders stark ausgeprägt. Daher hat man ihnen den Namen Hundsaffen gegeben.

Rotgesichtsmakake
(Japan; Wald;
8 – 15 kg)
Sie leben in Gruppen mit einer strengen Rangordnung.

Wenn ein Leopard angreift, stellen sich ihm die Männchen entgegen. Wenn ein Löwe angreift, flüchten alle Paviane in die Krone des nächsten Baumes.

*Durch das Gitterdach des Urwalds tropfte
Blau der Himmel, bebte von Ästen;
Drunter saß der alte Affe, klopfte
Kokosnüsse auf, die reifsten, die besten.*

Ricarda Huch

Affen aller Arten

Die nahe mit den Pavianen verwandten Makaken sind ebenfalls kräftig gebaut, aber kleiner und kommen vor allem in Asien vor.

Die Mangaben, meist im Wald lebende Affen, haben kräftige Schneidezähne, mit denen sie Körner zerbeißen und auch die härtesten Nüsse knacken können.

Die Meerkatzen, die in Wäldern und Savannen leben, sind schlanker und behender als die anderen Arten und haben einen besonders langen Schwanz.

<u>Paviane</u>
(Afrika; 10–30 kg)
1 Mandrill
(Dichter Wald)
2 Mantelpavian
(Felsige Halbwüsten)

3 Dschelada
(Äthiopien; Gebirge)

Makaken
(Nordafrika, Asien;
bis 15 kg)
4 Rhesusaffe
(Wald, Stadt)
5 Makake
(Indonesien; Wald, an
Gewässern)

Mangaben
(Afrika; dichter Wald;
bis 13 kg)
6 Schwarze Mangabe

Meerkatzen und Husarenaffen
(Afrika)
7 Grüne Meerkatze
(Savanne; 2,5 – 7, 7 kg)
8 Brazzameerkatze
(Dichter Wald; 4 – 8 kg)
9 Blaumaulmeerkatze
(Dichter Wald; 3 – 5 kg)
10 Husarenaffe
(Savanne; 4 – 13 kg)
11 Zwergmeerkatze
(Dichter Wald;
1 – 1,9 kg)

Stummelaffen, Nasenaffen und Languren

Ordnung: Primaten
Familie: Schlankaffen
6 Gattungen
ca. 30 Arten
Tropischer Wald
Afrikas und Asiens

Die Schlankaffen leben in Paaren oder in Gruppen von bis zu 100 Tieren.

Eine Familie von Waldbewohnern
Zur Familie der Schlankaffen gehören auf Bäumen lebende schlanke und langschwänzige Affen. Ihre Arme und Beine sind etwa gleich lang und ihre Daumen stark verkümmert, ja gar nicht mehr erkennbar. Der sehr große Magen kann enorme Mengen an Blättern, der Hauptnahrung dieser Affen, aufnehmen. Einige Arten leben aber auch von Insekten und Früchten.

1

1 Nasenaffe
(Borneo; sumpfiger
Wald; 7–23 kg)
Das ausgewachsene
Männchen hat eine
gewaltige flache, gurkenförmige Nase.
Wenn es etwas in den
Mund stecken will,
muß die Nase erst zur
Seite geschoben
werden.

Stummelaffen
(Afrika)
2 Nördlicher Guerza
(Zentral- und Ostafrika; 10–23 kg)
3 Roter Stummelaffe
(Äquatorialafrika;
9–13 kg)

Languren
(Tropisches Asien)
1 und **2 Roter Langur**
(zwei Farbvarianten; südöstl. Asien; 7 kg)
3 Weißbartlangur
(Sri Lanka; 4,3 – 10 kg)
4 Brillenlangur
(Südl. Asien; 4,2 – 10,9 kg)
5 Hulman
(Vorderindien; 5 – 20 kg)

Stumpfnasenaffen
(Asiatische Gebirge)
6 Weißmantelstumpfnase
(Südl. China)
7 Tonkinstumpfnase
(Indochina)

Sonderbarer Schmuck

Den Kopf der Languren, der hagersten unter den Schlankaffen, schmückt oft ein langer Schopf. Das sieht dann aus, als hätten sie ausgeprägte Augenbrauen, eine Frisur oder eine Haube. Am seltsamsten sehen die afrikanischen Stummelaffen aus, vor allem der Abessinische Guerza, dessen langes Rückenfell wie ein weißer Umhang wirkt. Die stämmigeren und besser an Kälte angepaßten Stumpfnasenaffen sind durch ein dichtes Fell geschützt. Die robustesten unter ihnen, die Nasenaffen, haben sich auf besondere Weise an die sumpfigen Wälder Borneos angepaßt: Sie können gut schwimmen, eine außergewöhnliche Fähigkeit unter den Affen.

5
Der Hulman sucht die menschliche Gesellschaft und ist daher ebenso häufig in Städten und auf dem Land anzutreffen wie in seinem natürlichen Lebensraum, dem Wald.

Ordnung:
Primaten
Familie: Gibbons
2 Gattungen, 9 Arten
Südöstliches Asien

Lar (Thailand, Malaiische Halbinsel, Sumatra; tropischer Wald; 5–6 kg). Sein Fell ist je nach Gebiet unterschiedlich gefärbt: von schwarz bis hellbraun.

Siamang (Malaiische Halbinsel, Sumatra; tropischer Wald, Gebirge; 8–13 kg) Mit Hilfe eines Kehlsacks, ihrem Schallkörper, lassen die Männchen weithin hörbare Chorgesänge ertönen. Das hat ihnen den Namen „Brüllaffen der Alten Welt" eingetragen.

Gibbons und Siamangs

Tiere, die Menschen ähneln
Gibbons ähneln Menschen: Ihr Gesicht ist ausdrucksvoll, sie gehen und laufen häufig aufrecht und haben keinen Schwanz. Sie leben nur in kleinen Gruppen, und die Paare bleiben ein Leben lang zusammen.

Mit Schwung vorwärts
Kein anderer Affe kann sich mit solcher Leichtigkeit, Beweglichkeit und Eleganz von Baum zu Baum schwingen: An ihren langen, starken Armen hängend, scheinen die Gibbons zu fliegen. So können sie ihre Lieblingsnahrung auch an den äußersten Astspitzen erreichen: unreife Früchte. Sie sind keine Konkurrenz für andere Affen, die überwiegend die reifen Früchte vorziehen.

Gibbons können bis zu 12 m weit von einem Baum zum anderen springen.

Gibbons geben wohlklingende Laute von sich, meist im Duett. Der Gesang der Siamangs ist besonders melodisch. Im dichten Wald, wo die Sicht sehr begrenzt ist, halten die Laute die Gruppe beieinander. Manchmal vertreiben die Affen damit Eindringlinge aus ihrem Revier.

Orang-Utan
(Sumatra, Borneo;
dichter Wald;
40–90 kg)
Sie leben häufig als
Einzelgänger und
kommen nur zur
Paarung zusammen.

Menschenaffen

Die engsten Verwandten des Menschen
Das Blut, das Nervensystem, die inneren und die Sinnesorgane der Großen oder Menschenaffen sind fast wie die des Menschen. Menschenaffen haben eine größere Fingerfertigkeit als alle anderen Affen. Man nimmt an, daß sie die intelligentesten Tiere sind. Bei Menschen aufgewachsene Schimpansen können z. B. eine Zeichensprache erlernen, die der Taubstummensprache ähnelt.
Mit ihren langen und muskulösen Armen schwingen sich die Menschenaffen behende von Ast zu Ast. Der Orang-Utan kann das besonders gut. Er lebt auch mehr auf Bäumen als Schimpansen oder Gorillas.

Ordnung: Primaten
Familie: Menschenaffen
3 Gattungen: Schimpansen, Orang-Utans, Gorillas
8 Arten
Afrika, Asien

Gorilla
(Zentralafrika; dichter Wald; 70–200 kg)

Schimpansen fürchten das Wasser; sie können nicht schwimmen.

Ein Schimpanse stellt ein Werkzeug her, um Termiten zu fangen.

Ein junger Schimpanse braucht seine Mutter, bis er 5 Jahre alt ist. Wie alle hochentwickelten Tiere erhält er eine gründliche „Erziehung".

Werkstatt der Schimpansen

Manchmal hört man ein seltsames Hämmern im dichten Wald: Dann arbeiten die Schimpansen in einer ihrer „Werkstätten" daran, große, besonders harte Nüsse zu knacken. Dazu legen sie die Nüsse auf eine Wurzel als Unterlage. Mit einem Stein schlagen sie dann auf die Nüsse ein, bis sie zerbrechen.

Schimpansen können auch Werkzeuge herstellen: Sie machen sich Stöcke, mit denen sie Termiten aus dem Bau holen. Dazu entlauben sie Äste und stutzen sie auf die richtige Länge zurecht. Dann stecken sie den Stock durch ein Loch in den Termitenbau und warten darauf, daß sich die Insekten darin verbeißen. Danach brauchen sie die Termiten nur noch herauszuziehen und abzulecken.

Schimpanse
(Zentral- und Ostafrika; tropischer Wald, bewaldete Savanne; 25 – 55 kg)
Schimpansen wie auch Gorillas leben in kleinen Gruppen, die von einem Männchen angeführt werden. Das gegenseitige Lausen stärkt den Zusammenhalt der einzelnen Mitglieder einer Gruppe.

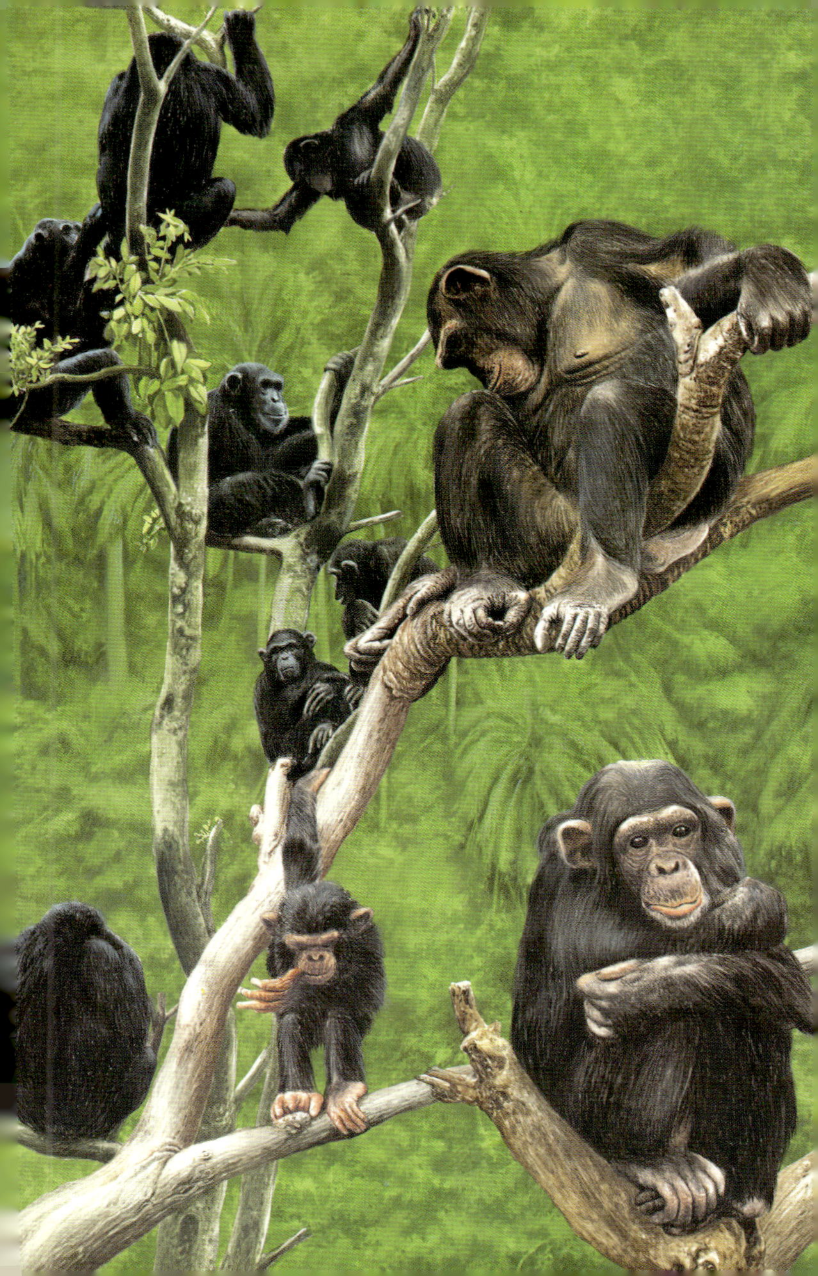

Zahnlose und Schuppentiere

2 Ordnungen:
Zahnlose und
Schuppentiere
13 Gattungen
36 Arten
Tropisches Amerika (Zahnlose),
Afrika und
tropisches Asien
(Schuppentiere)

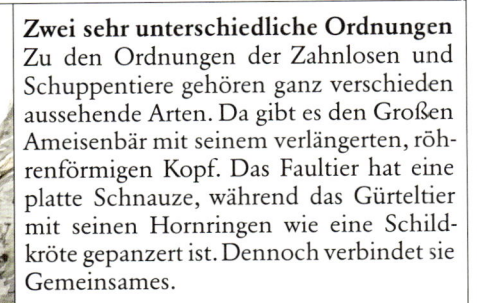

Zwei sehr unterschiedliche Ordnungen
Zu den Ordnungen der Zahnlosen und Schuppentiere gehören ganz verschieden aussehende Arten. Da gibt es den Großen Ameisenbär mit seinem verlängerten, röhrenförmigen Kopf. Das Faultier hat eine platte Schnauze, während das Gürteltier mit seinen Hornringen wie eine Schildkröte gepanzert ist. Dennoch verbindet sie Gemeinsames.

Enorme Krallen
Die Zahnlosen sind urzeitliche Tiere mit einem relativ kleinen Gehirn. Sie leben ausschließlich im tropischen Amerika. Alle haben sie lange, gebogene Krallen. Bei den Ameisenbären und den Gürteltieren sind die Krallen an den Vorderfüßen wie Schaufeln, mit denen sie sich rasch eingraben können. Der Ameisenbär kann damit sogar feste Termitenbauten aufbrechen. Bei den Faultieren sehen die Krallen eher wie Haken aus, mit denen sie sich an Äste hängen.
In der röhrenförmigen Schnauze des Ameisenbären fehlen Zähne und Kaumuskeln gänzlich. Gürteltiere und Faultiere haben manchmal einige Zähne, jedoch nie Schneide- oder Eckzähne. Ihre Backenzähne ohne Wurzel und

Tamandua (Tropischer Wald; 3–5 kg)

**Zwerg-
ameisenbär**
(Tropischer Wald;
0,5 kg)

**Zweifinger-
faultier**
(Tropischer
Wald; 9 kg)

Zahnschmelz wachsen jedoch das ganze Leben lang nach.

Ist das Faultier faul?

Das Faultier ernährt sich von Pflanzen. Sein Verdauungssystem nutzt nur einen Teil des ohnehin geringen Nährwerts der Pflanzen. So hängt das Faultier meist regungslos in den Ästen. Dadurch spart es Energie. Um noch weniger Energie zu verbrauchen, kann es die Körpertemperatur senken. Sie schwankt dann zwischen 32 und 35 °C.

Großer Ameisenbär
(Wald und Savanne;
30–35 kg)

**Dreifinger-
faultier**
oder **Ai**
(Wald; 4–5 kg)

Weißborstengürteltier
(Savanne; 4 kg)
Mit seinem harten Panzer und seinen kräftigen Krallen ist das Gürteltier keine leichte Beute für den Mähnenwolf.

Verteidigung

Niemals versucht ein Zahnloser, einem Raubtier durch Flucht zu entkommen. Zu schnell wäre sein geringer Energievorrat erschöpft. Der friedliche Große Ameisen-

Riesengürteltier (Wald, Savanne; 45–60 kg)

bär und der Tamandua schrecken Feinde mit ihren enormen Krallen ab. Bei Gefahr gräbt sich das Gürteltier ein oder rollt sich zu einer Kugel zusammen. Das Faultier hängt wie ein großer Sack an einem Ast, und sein grünliches, zottiges, mit Algen bewachsenes Fell ist kaum vom Laub der Bäume zu unterscheiden.

Gürtelmull
(Prärie; 90 g)
Ihm fehlt der Bauchpanzer, den alle anderen Gürteltiere besitzen.

Neunbindengürteltier
(Wald, Savanne; 6 kg)

Steppenschuppentier
(Ost- und Südafrika; Savanne; 8 kg)
Es ist das zweitgrößte Schuppentier. Nur das Riesenschuppentier aus Westafrika ist mit seinen 30 kg noch größer.

Die Schuppentiere

Was die Gürteltiere und Ameisenbären in Amerika sind, sind die Schuppentiere in Afrika und Asien: Mit ihren langen, klebrigen Zungen fangen sie Insekten, ihre Nahrung. Wie die Ameisenbären besitzen sie keine Zähne, und ihr Körper wird durch einen Panzer aus Schuppen, nicht aus Hornringen wie bei den Gürteltieren, geschützt. Manche Arten mit langen Greifschwänzen leben auf Bäumen, andere halten sich am Boden auf.

Schuppentiere und Gürteltiere verteidigen sich auf die gleiche Weise. Sie rollen sich zu einer Kugel zusammen und bieten so Feinden keine Angriffsfläche.

Langschwanz-schuppentier
(Afrika; dichter Wald; 1 – 2 kg)
Es benutzt seinen Schwanz wie ein Seil, um sich abzusichern.

1 Kugelgürteltier (Prärie; 40 cm)
2 Steppenschuppentier (50 cm)

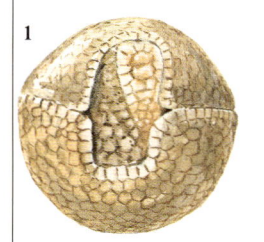

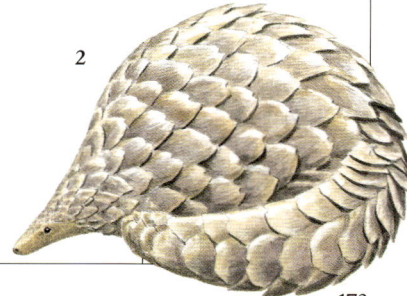

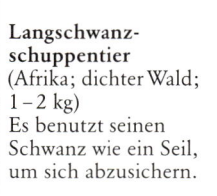

Nagetiere

Ordnung:
Nagetiere
4 Unterordnungen
30 Familien: Biber, Hörnchenartige (Murmeltiere, Eichhörnchen etc.), Stachelschweine, Riesennager (Capybara), Mäuseverwandte (Ratten, Mäuse) etc.
ca. 300 Gattungen
über 3000 Arten
Alle Kontinente außer der Antarktis

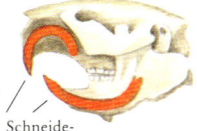

Schneidezähne
in einem Biberschädel

Biber leben an bewaldeten Wasserläufen. Mit dem Holz bauen sie Höhlen und Dämme, und von der Rinde ernähren sie sich.

Fast die Hälfte aller Säugetiere gehört zur Ordnung der Nager. Sie sind fast auf der ganzen Erde heimisch. Die geselligen, intelligenten, stets wachsamen Tiere verständigen sich untereinander z. B. durch Pfeifen und Fiepen oder mit den Augen und dem Geruch. Viele Arten leben in Kolonien, und manche legen komplizierte unterirdische Labyrinthe an.

Lange Zähne

Mit ihrem Gebiß knabbern die Nager auch die härtesten Pflanzen durch. Dazu benutzen die Tiere ihre vier vorderen scharfen Schneidezähne, die immer wieder nachwachsen. Durch ständiges Aneinanderreiben schleifen sich die Nagezähne ab und werden gleichzeitig geschärft. Die weiter hinten im Kiefer liegenden, durch einen Zwischenraum von den Schneidezähnen getrennten Backenzähne können die Nahrung fein zermahlen. Meist fressen die Tiere Pflanzen. Doch auch Spinnen, Insekten und verschiedene Kleintiere verachten sie nicht. Es gibt Nager, die an fast allem Geschmack finden.

Der Biber ist perfekt ans Leben im Wasser angepaßt: Die Hinterpfoten haben Schwimmhäute, so daß er, wenn er damit paddelt, schnell vorwärts kommt. Seinen platten, großen, schuppigen Schwanz benutzt er als Steuerruder oder um vor Feinden zu warnen, indem er mit ihm auf die Wasseroberfläche schlägt.

Biber (Eurasien, Nordamerika; 10–30 kg)
Nutria oder Sumpfbiber (Südamerika, später Europa; 2,5–10 kg)

Die Vorderpfoten des Bibers sind richtige kleine Hände, mit denen er Gegenstände greifen und leicht bearbeiten kann.

Der Eingang zum Biberbau aus Ästen, Steinen und Schlamm liegt, vor Räubern geschützt, unter der Wasseroberfläche. Damit er nicht freigelegt oder der Innenraum der Wohnhöhle überflutet wird, muß der Wasserspiegel stets gleich hoch sein. Daher bauen Biber Staudämme oder sorgen für Überläufe. So halten sie den Wasserstand unter Kontrolle.

Die Nutria ist ein Wassernagetier, das seinen Bau in die Uferböschung gräbt.

Die Capybara ernährt sich hauptsächlich von Wasserpflanzen.

Verschiedene Nagetiere

Die meisten eher kleinen Nagetiere wiegen weniger als 200 g. Doch einige von ihnen, wie die Mara und die Capybara, sind wesentlich schwerer und auch größer.

Capybara oder **Wasserschwein**
(Südamerika; tropischer Wald, Savanne; bis 50 kg)

Mara
(Argentinien; Prärie; 9 – 16 kg)

Die Mara ist ein sehr wachsames Tier. Sie sieht Raubtiere oft schon von weitem.

Innerhalb einer Familie können manche Arten auf Bäumen leben, während andere den Boden vorziehen.

Der Springhase hüpft wie ein Känguruh.

Springhase
(Afrika; Savanne; 3 – 4 kg)

Das Rote Eichhörnchen packt mit seinen Zähnen eine Nuß.

Stößt sich das Flughörnchen von der Baumkrone aus ab, kann es bis zu 45 m weit gleiten. Eine Flughaut verbindet die Hinter- und Vorderbeine.

Nagetiere, die im Baum leben

Stachelschweine:
1 **Greifstachler** (Südamerika; 1–4 kg)
2 **Urson** (Nordamerika; 3,5–7 kg)

Hörnchen:
3 **Flughörnchen** (Nordamerika; 50–70 g)
4 **Rotes Eichhörnchen** (Europa; 250–480 g)
5 **Grauhörnchen** (Nordamerika; 340–680 g)

Grauhörnchen in Lauerstellung: Der Kopf zeigt nach unten. Der Baum ist sein Revier.

Die Stacheln der Stachelschweine können tödliche Entzündungen auslösen.

Gewöhnliches Stachelschwein (Afrika, Italien, Naher Osten; lebt am Boden; 17–27 kg)

Bei Gefahr verschwinden die Präriehunde sofort in ihren Bauten, die unterirdischen Städten gleichen.

Erdhörnchen

Die Erdhörnchen (Präriehunde, Streifenhörnchen, Ziesel und Murmeltiere) leben in Gruppen zusammen. In Präriegebieten graben sie sich weitverzweigte Höhlensysteme. Im Gegensatz zu den auf Bäumen lebenden Eichhörnchen halten die Erdhörnchen einen Winterschlaf. Dabei schalten sie die Körperfunktionen auf „Sparflamme".

1 Streifenziesel
(Nordamerika; 150–240 g)
2 Murmeltier
(Europa; alpine Wiesen; 3–8 kg)
3 Ziesel
(Osteuropa; Steppe; 200–350 g)
4 Präriehund
(Nordamerika; Prärie; 0,7–1,4 kg)

Wie die meisten anderen Erdhörnchen stößt das Murmeltier Schreie aus, um die Kolonie vor einer drohenden Gefahr zu warnen.

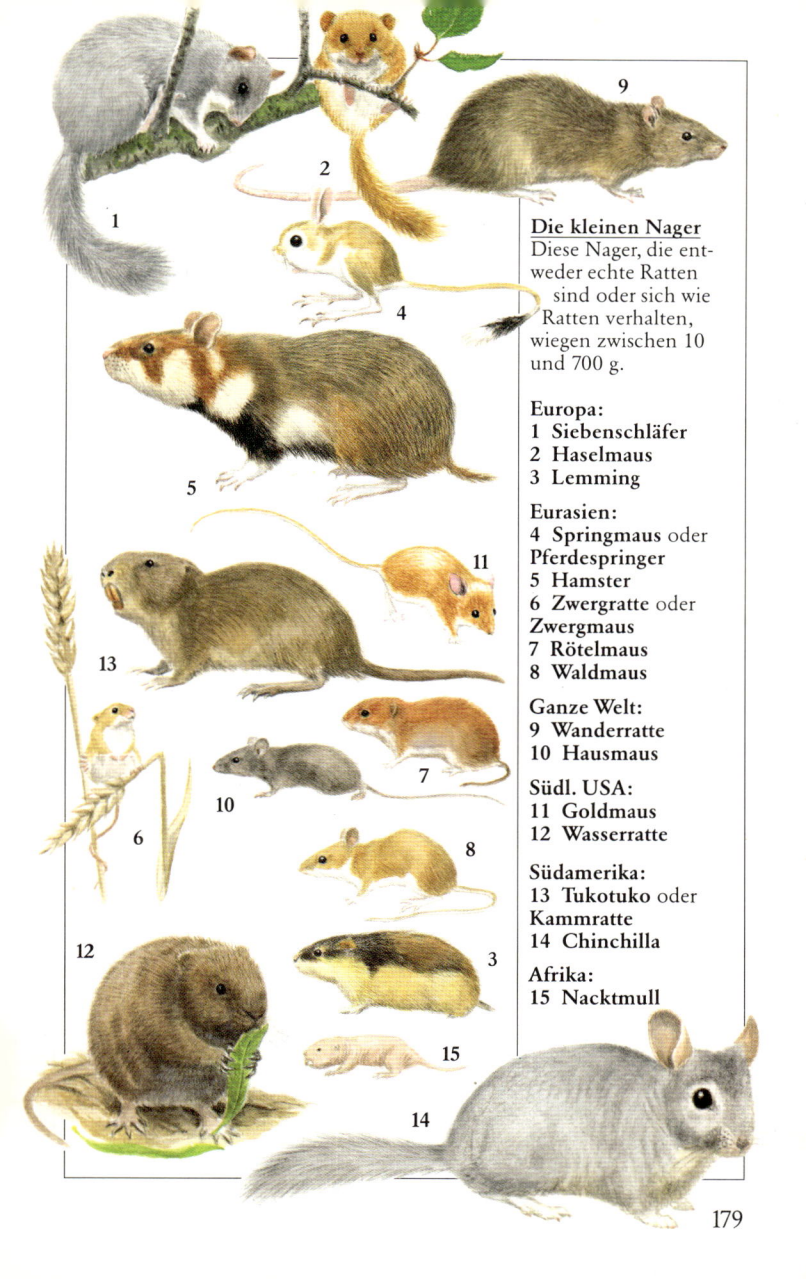

Die kleinen Nager
Diese Nager, die entweder echte Ratten sind oder sich wie Ratten verhalten, wiegen zwischen 10 und 700 g.

Europa:
1 Siebenschläfer
2 Haselmaus
3 Lemming

Eurasien:
4 Springmaus oder Pferdespringer
5 Hamster
6 Zwergratte oder Zwergmaus
7 Rötelmaus
8 Waldmaus

Ganze Welt:
9 Wanderratte
10 Hausmaus

Südl. USA:
11 Goldmaus
12 Wasserratte

Südamerika:
13 Tukotuko oder Kammratte
14 Chinchilla

Afrika:
15 Nacktmull

Wale und Delphine

Ordnung: Wale
2 Unterordnungen:
Zahnwale und
Bartenwale
4 Überfamilien und
9 Familien bei den
Zahnwalen, 3 Familien
bei den Bartenwalen
38 Gattungen, 92 Arten
Alle Ozeane

Bartenwal

Barten

Meeressäuger
Wale verbringen ihr ganzes Leben im Wasser. Trotzdem sind sie keine Fische, sondern echte Säugetiere: Sie sind warmblütig, säugen ihre Jungen und atmen Luft. Sie können die Luft lange anhalten und tauchen nur auf, um wieder neue zu schöpfen. Sie stoßen die verbrauchte Luft aus ihren Lungen durch die oben am Kopf liegenden Blaslöcher aus und erzeugen dabei eine Wasserdampfwolke, den Blas.

Mit mächtigen Sprüngen wirbt der Buckelwal um das Weibchen.

Rekorde der Wale

Zur Ordnung der Wale gehören Tiere von eher geringer Größe wie die Delphine und Tümmler, aber auch gewaltige Riesen. Im Vergleich zum Blauwal (30 m) sieht der Elefant wie ein Zwerg aus.

Zu diesem Größenrekord unter den Warmblütern kommt noch ein Tauchrekord: Pottwale tauchen in Tiefen von über 1 000 m, um dort Riesenkraken zu fangen.

Bartenwale

Furchenwale:
(alle Meere)
1 **Blauwal** (150 t)
2 **Zwergwal** (10 t)
3 **Buckelwal** (65 t)

Grauwale:
(Nordpazifik)
4 **Grauwal** (30 t)

Glattwale:
5 **Nordkaper**
(Meere der gemäßigten Breiten; 3,5 t)

Bartenwale
Sie besitzen keine Zähne, sondern in ihrem Oberkiefer haben sie zwei Reihen von Barten, die das Meerwasser filtern und dabei Kleinstlebewesen wie Crustazeen (Krill) oder Plankton zurückhalten, von denen sie sich ernähren.
Bartenwale:
(Alle Ozeane)
1 Blauwal (150 t)
Glattwale:
2 Zwergglattwal
(Meere der Südhalbkugel; 3,5 t)

Zahnwale
Wale können Ultraschallwellen aussenden. Stoßen diese auf ein Hindernis, werden sie wie ein Echo zurückgeworfen. So spüren die Wale ihre Beute (Fische, Kraken und Tintenfische) auf.
Pottwale:
(Alle Ozeane)
3 Pottwal
(70 t)
4 Zwergpottwal
(350 kg)

Schnabelwale:
(Ozeane der gemäßigten und tropischen Breiten)
5 Entenwal (15 t)
6 Cuvier-Schnabelwal (6 t)
Narwalartige:
(Arktischer Ozean)
7 Beluga oder **Weißwal** (1 t)
8 Narwal (1,6 t)

*Meerwärts spähend bei weißer Sonne
ich seh sie springen aus der salzigen
Schwere des Wassers – Delphine.*

Peter Huchel

Schweinswale:
(Küsten Südamerikas und Meere der Nordhalbkugel)
9 Schweinswal (55 kg)
10 Hafenschweinswal (150 kg)
Delphine:
(Alle Ozeane)
11 Delphin (85 kg)

12 Großer Tümmler (200 kg)
13 Rauhzahndelphin (140 kg)
14 Südlicher Glattdelphin (60 kg)
15 Rundkopfdelphin (400 kg)
16 Commerson-Delphin (50 kg)

17 Grindwal (2,5 t)
18 Weißseitendelphin (200 kg)
19 Orca oder **Schwertwal** (4 t)
Flußdelphine:
(Südamerika, Indien, China)
20 Ganges-Delphin (85 kg)

183

Vielfraße, Otter, Dachse und Marder

Vielfraß (Nördl. Eurasien und Nordamerika; 10–25 kg). Das stämmige Tier ähnelt einem Bären und kann ein Ren erlegen. Seine Nahrung besteht u. a. aus Eichhörnchen, Bibern und Hasen.

Eine große Familie

Die Marder sind eine große Familie kleiner, kurzbeiniger Fleischfresser. Sie besitzen ein seidenweiches Fell, und hinten an ihrem Körper haben sie eine Duftdrüse. Um Feinde abzuschrecken, sondern sie daraus eine oft stinkende Flüssigkeit ab.

Der Seeotter schwimmt auf dem Rücken. Das ist sehr bequem, um Krebse, Seeigel und Weichtiere zu fressen oder um die Jungen zu säugen.

1 **Kleinkrallenotter** (Asien; 4 kg)
2 **Fleckenhalsotter** (Afrika; 6 kg)

Ordnung: Raubtiere
Familie: Marder
24 Gattungen
70 Arten
Überall, außer Antarktis

Fischotter

Der Fischotter
Der bewegliche und verspielte Otter hat einen spindelförmigen, gut an das Leben im Wasser angepaßten Körper. Wie der Biber paddelt er mit seinen Hinterpfoten, die Schwimmhäute haben, vorwärts. Sein Schwanz hilft ihm dabei. Er hat Hände, mit denen er Gegenstände greifen und bearbeiten kann.

Fischotter (Eurasien; 7–15 kg)

Seeotter (Küsten des Nordpazifiks; bis 45 kg)
Er ist der größte Marder.

Der Seeotter ernährt sich überwiegend von Muscheln, die er vom Meeresgrund aus einer Tiefe bis zu 40 m holt. Er bricht sie auf, indem er sie gegen einen Stein auf seinem Bauch schlägt, während er gemütlich auf dem Rücken schwimmt.

Riesenotter (Amazonas; bis 30 kg)

*Die Dachse zerwühlen die Ufergründe
des Stroms, sie wittern das Nest,
dessen flügelschlagende Zärtlichkeit
sie anfallen werden mit roten Zähnen.*

Pablo Neruda

Die Dachse

1

2

3

1 Honigdachs
(Afrika, südl. Asien;
11 kg)
2 Silberdachs
(Nordamerika;
3–10 kg)
**3 Europäischer
Dachs**
(Eurasien; 10–20 kg)

Der kräftige Dachs

Der Dachs ist fast ebenso kräftig wie der Vielfraß, doch er frißt nicht nur Fleisch. Er ernährt sich auch von Früchten, Wurzeln, Eicheln, Getreide, Honig, Würmern, Eiern oder Insekten. Vor seinen Feinden wie Luchs und Wolf schützt ihn seine mit einem rauhen Fell bedeckte zähe Haut. Er gräbt unterirdische Gänge und lebt in Familien von bis zu 12 Tieren. Benachbarte Familien haben oft guten Kontakt zueinander.

Der Europäische Dachs besitzt wie fast alle Dachse einen weißen Kopf mit zwei deutlichen schwarzen Bändern und einen buschigen Schwanz.

Tayra
(Tropisches Amerika; 5 kg)

Amerikanischer Nerz, der aus seinem Bau schlüpft. Er sammelt in seinem Bau eine Reihe von Beutetieren als Vorrat.

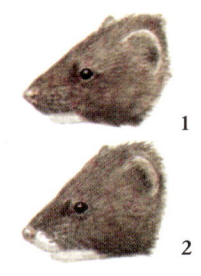

Nerze am Wasser

Der Nerz ist ein kleiner, teils im Wasser lebender Marder, der mit dem Wiesel und dem Iltis verwandt ist. An den hinteren Pfoten hat er Schwimmhäute und kann deshalb gut schwimmen und tauchen. Seinen Bau gräbt er an Flußläufen, am Rand von Sümpfen oder Feuchtgebieten. Er ernährt sich überwiegend von Beutetieren, die er an Land oder im Wasser jagt: Fische, Krebse, Wasserratten und Vögel.

1 Amerikanischer Nerz
2 Europäischer Nerz
(0,5 – 1,5 kg)
Im Unterschied zu allen anderen Nerzen, die ebenfalls ein weißes Kinn haben, hat der Europäische Nerz auch an der Schnauze weiße Flecken.

Stinktier (1,5 – 3 kg)
Stinktier oder Skunk in Warnstellung. Wenn es sich bedroht fühlt, dreht sich das Stinktier um und spritzt einen kräftigen Strahl einer stinkenden Flüssigkeit. Sie wird von Drüsen am After produziert und in Aftertaschen gespeichert.

*Im Norden, wo an kurzen Wintertagen
das Meer vereist, lebt hoch im Felsgestein
ein kleines Tier, mit weißem Fell bewehrt.*

Matteo Maria Gojardo

Andere kleine Marder

Nerz, Wiesel, Hermelin, Iltis, Steinmarder, Marder, Zobel und Stinktier gehören zu den kleinen Mardern. Ihr Gewicht schwankt zwischen 30 g bei einem kleinen Wiesel und 3 kg bei einem großen Marder. Außer dem Stinktier haben alle Marder einen auffallend spindelförmigen Körper, der über den Boden zu gleiten scheint.

Die kleinen Marder kommen oft bis in die Städte. Sie nagen gerne an Gummi. Dabei richten sie häufig Schäden an Autos an, z. B. an elektrischen Kabeln und Schläuchen, die aus Gummi sind.

Iltis erbeutet ein Kaninchen

1 Großgrison
(Tropisches Amerika;
1,4 – 3,2 kg)

2 Europäischer Iltis
(Europa; 0,7 – 1,4 kg)
3 Wiesel
(Eurasien, Nordafrika;
40 – 100 g)

4 Marder
(Europa, Westasien;
0,9 – 2 kg)

Zorilla (Afrika; 1,4 kg)
Wie das Stinktier verteidigt er sich gegen seine
Feinde, indem er eine stinkende Flüssigkeit aus
seinen Afterdrüsen verspritzt.

Steinmarder
(Eurasien; 0,5 – 2 kg)
Er ähnelt dem Baummarder, kommt aber weniger in Wäldern als vielmehr in der Nähe von Wohngebieten vor. Auch er kann gewandt auf Bäumen jagen.

Die lebhaften, beweglichen und schlauen kleinen Jäger haben sich alle Lebensräume erobert. So lebt z. B. das Hermelin unter der Erde, der Marder auf Bäumen oder gar in der Stadt und der Nerz im Wasser. Zu ihrer bevorzugten Beute gehören alle kleinen Tiere: Insekten, Würmer, Reptilien, Eichhörnchen, Mäuse und Ratten, aber auch kleine Vögel.

Hermelin im Sommerkleid
(Eurasien, Nordamerika; 120 – 450 g)

Hermelin im Winterkleid
Zu Beginn der kalten Jahreszeit verliert das Hermelin sein braunes Fell, und ein Winterkleid aus weißen Haaren wächst nach.

Waschbären, Nasenbären, Potos und Katzenbären

Ordnung: Raubtiere
2 Familien: Katzenbären und Kleinbären
Bei den Kleinbären
5 Gattungen: Waschbären, Nasenbären, Potos, Katzenfrette und Makibären,
19 Arten
Bei den Katzenbären
2 Gattungen, 4 Arten
Der Name des Waschbären kommt von der Angewohnheit, seine Nahrung mit den Händen unter Wasser zu reiben, bevor er sie frißt.

Ein Landstreicher

Der Waschbär stammt ursprünglich aus Amerika. Inzwischen trifft man ihn auch in Europa und Asien an, wo man ihn einschleppte. Er lebt in bewaldeten, sumpfigen Landschaften an kleinen Flüssen, denn er frißt gerne Fische. Wie alle Kleinbären ist er eigentlich ein Allesfresser und ein guter Kletterer. Der Waschbär mit seinem maskenähnlichen Gesicht ist ein Landstreicher, der durchaus auch in Wohngegenden kommt, wo er die Mülltonnen durchwühlt.

Waschbär
(Nordamerika; 5 – 8 kg)

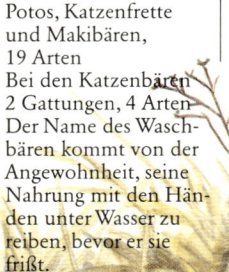

Krabbenwaschbären
(Südamerika; Sümpfe,
Wälder; 5 – 8 kg)

Ein vielseitig verwendbarer Schwanz

Viele Kleinbären haben einen auffälligen Schwanz. Der Weißrüsselbär braucht ihn zum Balancieren, wenn er auf Bäume klettert. Die Potos (besser bekannt als Wickelbären) können damit dünne Zweige greifen und den Schwanz dann als Halteseil benutzen. Zu einer Spirale aufgerollt, ist er eine bequeme Wiege für die Jungen.

Der Bambusbär oder Kleine Panda wird in der Nacht aktiv und ist ein Einzelgänger. Er ernährt sich überwiegend – wie sein Name schon sagt – von Bambussprossen. Viel Zeit verbringt er damit, auf Bäumen zu schlafen, den Kopf unter seinen Schwanz gesteckt.

Bambusbär
(Himalaja; Wald; 4 kg)

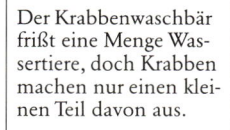

Der Krabbenwaschbär frißt eine Menge Wassertiere, doch Krabben machen nur einen kleinen Teil davon aus.

Der Nasenbär hat tatsächlich eine auffallende Nase: Sie ist rüsselartig und vorne sehr beweglich. Die Weibchen kümmern sich auch gern um die Jungen der anderen.

Nasenbär
(Südamerika; Wald;
3 – 6 kg)

Bären

Ordnung: Raubtiere
Unterfamilie: Bären
5 Gattungen, 18 Arten
Eurasien, Nordamerika, nördl. Anden

Großer Panda
(China; Berge von
Szetschuan;
100–130 kg)
Der Große Panda ist
ein großer Katzenbär
und ernährt sich ausschließlich von
Bambus.

Allesfressende Raubtiere
Obwohl sie zur Ordnung der Raubtiere gehören, sind Bären Allesfresser. Sie sind sehr massiv gebaut und haben ein dichtes Fell sowie lange Krallen, die sie nicht einziehen können.
Braunbären sind am weitesten verbreitet. Sie kommen im gesamten gemäßigten eurasischen Raum bis Japan vor sowie in Nordamerika, wo die Art durch den Grizzly und den riesigen Kodiakbären

*Holla, ihr Bienen, brummt der Bär,
gleich gebt mir euren Honig her;
sonst werd ich euch und Korb dazu
verzehren!*

Joachim Heinrich Campe

vertreten ist. Andere Bären haben ein dunkles Fell und stellen ganz eigene Gattungen dar: z. B. der nordamerikanische Schwarzbär oder der Kragenbär.

Malaienbär
(Südöstl. Asien, Sumatra, Borneo; tropischer Wald; 50 kg)

Braunbär
(Gebirge Südeuropas, große Wälder der gemäßigten Breiten Eurasiens und Nordamerikas; 100–700 kg)

Lippenbär
(Indien, Ceylon;
trockener Wald;
60 – 140 kg)

Bären fressen alles: verschiedene Pflanzen, Insekten, Honig, Aas und manchmal auch Tiere, die sie erbeuten.

Wenn er einen Termitenbau findet, zerstört der Lippenbär den Bau mit seinen Pranken, um die Termiten fressen zu können.

Die Bärin bringt 1 – 3 winzige Junge zur Welt, die nur 300 – 400 g wiegen.

Kragenbär
(Asien von Iran bis Japan; Wälder der gemäßigten Breiten; bis 120 kg)
In der Natur richtet sich der Bär nur auf, wenn er unruhig ist. So kann er besser sehen oder riechen, woher Gefahr droht.

Brillenbär
(Anden; Feuchtwälder,
hochgelegene Prärien;
60–130 kg)
Ein vom Aussterben
bedrohter Bär

Eisbär (Arktis; 320–410 kg)
Der Eis- oder Polarbär ernährt sich fast nur von
Fleisch. Seine bevorzugte Beute sind Robben.

Hyänen und Erdwölfe

Ordnung: Raubtiere
Familie: Hyänen
3 Gattungen, 4 Arten
Afrika, Naher und Mittlerer Osten

Dieses Tüpfelhyänenweibchen wacht über ihr Junges, stets bereit, es gegen Räuber zu verteidigen – nicht zuletzt gegen Männchen der eigenen Art, die auch ihre Jungen fressen.

Schabrackenhyäne (Südl. Afrika; Steppe, Wüste; 35–55 kg) frißt die Reste eines Gnus

Gesundheitspolizei der Wüsten und Savannen

Hyänen sind die größten Aasfresser. Mit ihren enorm starken Kiefern können sie die dicksten Knochen zerbrechen und sie ganz verdauen. Zunächst verschlingen sie alles, auch die härtesten Teile. Dann würgen sie Hufe, Hörner, Haut und Sehnen wieder aus. Doch Hyänen begnügen sich nicht mit Aas: Tüpfelhyänen sind gefürchtete Jäger und können Gnus von 170 kg reißen. Das älteste Weibchen führt immer das Rudel an. Haben sie Beute erjagt, zanken sie sich beim Fressen. Das hört sich an wie Hohngelächter. Dadurch locken sie oft Löwen an, die den Hyänen ihre Beute abzujagen versuchen.

Tüpfelhyänen verfolgen ein Zebra.

Hyänen wälzen sich mit Vorliebe im Wasser und Schlamm. Manchmal gelingt es ihnen sogar, dort Beute zu erjagen.

Tüpfelhyäne
(Afrika; Savanne; 50–85 kg)

Der Erdwolf ernährt sich vorwiegend von Termiten. Er kann bis zu 200 000 davon in einer einzigen Nacht verschlingen. Seine Zunge hat eine klebrige Schicht. Daran bleiben die Termiten hängen, wenn er ihren Bau ableckt.

Erdwolf
(Südl. und östl. Afrika; Savanne; 8–12 kg)
Der Erdwolf ist wie eine Hyäne gebaut, aber kleiner.

Streifenhyäne
(Afrika, Naher und Mittlerer Osten; 25–45 kg)

Die Streifenhyäne ist nicht so stark wie die Tüpfelhyäne und kommt vor allem in Trockengebieten vor. Sie ernährt sich v. a. von Aas, frißt aber auch alles andere.

Ginsterkatzen, Zibetkatzen und Mungos

Ordnung: Raubtiere
Familie:
Schleichkatzen
6 Unterfamilien
37 Gattungen
66 Arten
Afrika und Eurasien

Fleckenlinsang
(Asien; tropischer Wald; 4,8 kg)
Lebhaft und furchtlos gleitet er auf der Suche nach kleinen Nagern und Vögeln fast wie eine Schlange durchs Laub.

1 Europäische Ginsterkatze
(Afrika, Südwesteuropa; Wald, Gestrüpp; 2 kg)

2 Binturong
(Asien; tropischer Wald; 7,6 kg)
Er besitzt einen Greifschwanz.

3 Afrika-Zibetkatze
(Savanne, Wald; 9–20 kg)
Sie klettert nicht auf Bäume.

4 Larvenroller
(Asien; tropischer Wald; 4,8 kg)
Nachtaktiv

Zebramangusten (Afrika; Savanne, Wald; 1,8 kg)
Es sind geselligere Tiere als andere Mangusten.
Sie leben in kleinen Gruppen.

Eine vielfältige Familie

Ginsterkatzen, Zibetkatzen und Mungos gehören einer Familie der Raubtiere an. Sie sind sich aber nicht sehr ähnlich. Zibetkatzen – außer der Afrika-Zibetkatze – und Ginsterkatzen können ihre Krallen ganz oder halb einziehen und klettern auf Bäume. Ihr Fell ist gefleckt. Mungos dagegen haben ein einfarbiges oder auf dem Rücken leicht gestreiftes Fell wie die Mangusten, und sie können ihre Krallen nicht einziehen. Auch leben sie selten auf Bäumen. Doch allen gemeinsam sind ziemlich kurze Beine und ein länglicher, schlanker Körper. Die Nahrung ist ebenfalls gleich: kleine Säuger, Vögel, Insekten und Früchte.

Die Kleinfleck-Ginsterkatze kann noch besser auf Bäumen klettern als eine Katze.

Ichneumon
(Afrika; Savanne, Steppe; 3,6 kg)
Es erbeutet auch giftige Schlangen.

Wölfe, Hunde, Schakale und Füchse

Ordnung: Raubtiere
Familie: Hundeartige
15 Gattungen: Wolfs- und Schakaltiere, Afrikanische Wildhunde, Rothunde, Marderhunde, Waldhunde, Mähnenwölfe, Löffelhunde, Kampffüchse, Echte Füchse, Eis- und Steppenfüchse, Wüstenfüchse, Graufüchse, Maikongs, Kurzohrfüchse, Brasilianischer Kampffuchs
40 Arten
Alle Kontinente außer der Antarktis

Wolf, Hund, Schakal und Fuchs – aufgezählt nach abnehmender Größe – sind die vier typischen Vertreter der Familie der Hundeartigen. Alle Hundeartigen haben einen langgestreckten Schädel. Der des Fuchses ist der flachste, und seine Schnauze ist schlanker und spitzer als die

Der Haushund stammt wahrscheinlich vom Wolf oder einem dem Wolf sehr nahe verwandten Hundeartigen ab. Vor über 10 000 Jahren begann der Mensch den Wolf zu zähmen und nahm ihn auf die Jagd mit. Hunde besitzen einen äußerst feinen Geruchssinn und sind ausgezeichnete Läufer.
Der Haushund betrachtet seinen Herrn als Leittier und dessen Familie als eine Art Rudel.

des Wolfs oder des Hundes. Schakal und Kojote sind eine Mischung aus Wolf und Fuchs.

Große Hundeartige jagen oft in Rudeln
Die sehr gesellig lebenden Hundeartigen wie die Wölfe unterwerfen sich dem Leittier. Zu ihren Jungen sind sie sehr zärtlich. Als hervorragende Jäger jagen sie häufig im Rudel, indem sie den wandernden Herden in ihrem Revier folgen. Die unermüdlichen Jäger zwingen ihre Beute, so lange zu laufen, bis sie völlig erschöpft ist. So können sie auch große Beutetiere wie Hirsche, Elche, Gnus und Zebras reißen. Doch halten sie sich zuerst an kranke, schwache oder sehr junge Tiere.

Wolf (Nordamerika, Eurasien; Wald, Steppe; 30–75 kg). Wenn Wölfe jagen, laufen sie hintereinander und können ihre Beute ohne anzuhalten über Hunderte von Kilometern verfolgen.

Ein von einem Rudel Wölfe eingekreister Elch

Junge Wölfe kämpfen um ihren Rang im Rudel. Am Ende des Kampfes bietet das besiegte Tier dem Sieger als Zeichen der Unterwerfung seine Kehle an. Das kennen wir auch von kämpfenden Hunden.

Schabrackenschakal

Das Beißen der Ohren ist bei den Schakalen ein Ausdruck der Zärtlichkeit.

Schakal
(Afrika, Eurasien; Savanne, Steppe; bis 14 kg)

Schakale ernähren sich von kleinen Tieren und Aas. Manchmal bilden sie Rudel, um Gazellen und Antilopen zu jagen.

Die Nahrung

Der Speisezettel der Hundeartigen ist abwechslungsreich: z. B. Säugetiere, Vögel, Insekten und Pflanzen. Der Fuchs ist ein Feinschmecker bei der Wahl seiner Beute, während sich der Löffelhund überwiegend von Termiten ernährt. Der Afrikanische Wildhund und der Java-Rothund sind reine Fleischfresser.

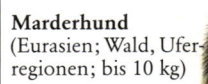

Marderhund
(Eurasien; Wald, Uferregionen; bis 10 kg)

Kojote
(Nordamerika; Wald, Steppe; 15–20 kg)
Wölfe und Kojoten paaren sich in der Natur manchmal miteinander und zeugen Mischlinge.

Zwei Jäger:
Rothund und Afrikanischer Wildhund
Beide Arten jagen ihre Beute in Rudeln. Die Afrikanischen Wildhunde sind sehr schnell (60 km/h) und verfolgen ihre Beute über verhältnismäßig kurze Entfernungen von 1–3 km. Dabei bleibt das gejagte Tier in Sichtweite. Die Rothunde dagegen sind langsamer, folgen der Spur ihrer Beute über Stunden hinweg, bis das Opfer völlig erschöpft ist. Beide töten ihre Beute aber auf die gleiche Weise: Da sie eher klein sind, beißen sie ihre Beute so oft, bis sie schließlich an der Zahl ihrer Wunden stirbt.

Begrüßungsritual zwischen zwei Afrikanischen Wildhunden

Afrikanischer Wildhund
(Afrika; Savanne; bis 30 kg)

Java-Rothund
(Asien; Wald; bis 20 kg)

Die Graufüchse sind die einzigen Hundeartigen, die ohne weiteres auf Bäume klettern können. Dort finden sie Schutz und Nahrung: Früchte, Eier, kleine Vögel.

Polarfuchs (Arktische Regionen; bis 5 kg)

Sieh um, in jenen Hof.
Die Hennen, die dort gehn,
sind klüg'rer Füchse Kost:
nichts Schön'res wird man sehn!

Friedrich von Hagedorn

Rotfuchs (Eurasien; Wald, Feld; bis 7 kg)
Nach 2 oder 3 Wochen nehmen die Jungtiere dieselbe Zeichnung an wie das Muttertier.

Graufuchs (Amerika; bis 7 kg)

Fennek (Sahara, Naher Osten; Wüste; bis 1,5 kg)

Das Familienleben der kleinen Hundeartigen

Die kleinen Hundeartigen (Füchse, Fenneks, Löffelhunde, Schakale) leben paarweise und mit ihren Jungen oder in kleinen Rudeln zusammen. Gemeinsam legen sie Bauten oder Höhlen an. Auf die Jagd gehen sie jedoch einzeln in ihrem Revier mit genau festgelegten Grenzen.

Löffelhund (Afrika; Trockensteppe; bis 4,5 kg)

Dingo oder **Australischer Wildhund** (Australien; Wüste, Savanne, Wald; 15 – 20 kg)

Raubkatzen

Ordnung: Raubtiere
Familie: Katzen
1 Unterfamilie:
Geparde
2 Gattungsgruppen:
Kleinkatzen und Groß-
katzen; 34 Arten
Amerika, Afrika,
Eurasien

Löwe
(Afrika, Indien;
Savanne; bis 180 kg)

Große und kleine Raubkatzen

Von der Hauskatze bis zum Löwen kann man erkennen, daß diese Tiere alle zur Familie der Katzen gehören: Sie haben einen rundlichen Kopf, ein Gebiß, mit dem sie Fleisch zerreißen können, einen geschmeidigen Körper, und alle außer dem Gepard können ihre Krallen einziehen. Die Krallen sind sehr scharf und eine noch gefährlichere Waffe als ihre säbelförmigen Fangzähne. Katzen hören und sehen ausgezeichnet, während ihr Geruchssinn nicht so gut ausgebildet ist wie bei den Hundeartigen.

Raubkatzen auf Jagd
Großkatzen jagen vor allem in der Morgendämmerung, bei Sonnenuntergang und bei Nacht. Weil sie sich langsam und lautlos bewegen und immer wieder reglos verharren, können sie sich unbemerkt in die Nähe ihrer Beute schleichen: meist auf weniger als 20 m. Mit wenigen Sprüngen muß die Katze ihre Beute erreichen, sonst entkommt sie, da die Beutetiere in der Regel schneller und ausdauernder als Katzen sind.

Nur der Gepard kann auf seine außerordentliche Schnelligkeit zählen und zeigt sich seiner Beute schon aus verhältnismäßig großer Entfernung: Etwa 50 m von ihr entfernt, trottet er auf sie zu. Sobald seine Beute, meist eine Gazelle, losläuft, beginnt die rasende Hetzjagd. In weiten, raschen Sprüngen kann der Gepard Geschwindigkeiten von über 100 km/h erreichen und sie über ca. 500 m weit halten.

Auch die Jagdweise der Löwen unterscheidet sich von der der anderen Katzenartigen. Löwen jagen in Gruppen, nicht einzeln, und die Jagd ist vor allem Aufgabe der Weibchen. Dabei kreisen sie die Beute ein und treiben sie einander zu.

Nur die Löwen leben in Gruppen von etwa 10 Tieren: Männchen, Weibchen und Junge (3 – 5 pro Wurf). Während die Löwinnen jagen, sichern die Männchen das Revier.

Ein Gepard jagt eine Gazelle.

Gepard (Afrika, Asien; Savanne, Steppe, Halbwüste; bis 60 kg)
Der Gepard ist an sehr große Geschwindigkeiten angepaßt: kleiner Kopf und schmaler, windschlüpfiger Körper, hochbeinig und dehnbares Rückgrat.

Panther und Leopard gehören derselben Art an. Der Panther ist ein guter Kletterer. Wenn er sich ausruht, auf der Lauer liegt oder seine Beute verschlingt, hält er sich gern in Bäumen auf, ungestört von Löwen und Hyänen.

Panther oder **Leopard** (Afrika, Asien; bis 70 kg)

Tarnflecken

Ein kauernder Gepard vor einem Dickicht, ein Leopard oder ein Jaguar auf einem Ast sind für ein nicht geübtes Auge kaum zu sehen. Ihr geflecktes Fell ist der Umgebung gut angepaßt und macht sie beinahe unsichtbar. Diese Tarnung ist sehr wichtig für die Raubtiere.

Schwarzer Panther

Ein Leopard kann durchaus einen Schwarzen Panther zur Welt bringen, der keine eigene Art darstellt. Das Fell des Schwarzen Panthers wird durch braune und schwarze Pigmente (Melanine) dunkel gefärbt. Man nennt das Melanismus.

Gepard, Jaguar, Leopard
Der Gepard ist wohl die eleganteste und vielleicht interessanteste Katze. Er kann schneller laufen als alle anderen Tiere, jagt tagsüber und schleicht sich nicht direkt an seine Beute heran. Mit seinem getüpfelten Fell ist er hervorragend an seine Umgebung in der Steppe angepaßt.

Leopard und Jaguar ähneln sich. Doch ist der Jaguar gedrungener. Beide haben Ringflecken auf ihrem Fell. Beim Jaguar sind sie größer, mit dunklen Innenflecken.

Die Südamerikaner nennen den Jaguar manchmal El Tigre. Damit wollen sie sagen, daß er das größte Raubtier des tropischen Amerikas ist. Der Tiger selbst aber ist die größte Katze und kommt nur in Asien vor.

Leopard jagt ein Schwein

Fellzeichnung der großen gefleckten Katzen:

Gepard

Leopard

Jaguar

Jaguar
(Tropisches Amerika; bis 115 kg)

Tiger
(Asien; 300 kg)

Die schwarzen Streifen auf dem braunen Fell des Tigers sind eine perfekte Tarnung: Sie verschmelzen völlig mit dem Dschungel, der Heimat des Tigers.

Ich schämte mich, als ich zum ersten Mal im Tierpark die großen sibirischen Tiger eingesperrt sah, die über mich hinwegschauten. Mir stieg das Blut in den Kopf, daß ich vermeinte, er würde mir zerplatzen, und lief davon.

Hans Henny Jahnn

Die größte Raubkatze ist der Tiger. Er ist der Herr des asiatischen Dschungels und der Wälder im Fernen Osten. Der aus Ostsibirien stammende Tiger lebt heute auch im tropischen Asien und hat von seinen Vorfahren die Vorliebe für kühle Temperaturen beibehalten: Er liebt Bäder und den Schatten des dichten Gestrüpps während der heißen Stunden des Tages.

Kleine Raubkatzen

Mit seinen Haarbüscheln an den Ohrspitzen und seinem kurzen Schwanz ist der Luchs leicht von anderen Raubkatzen zu unterscheiden.

Luchs
(Eurasien, Nordamerika; Wald der gemäßigten und nordischen Breiten; bis 45 kg)

Fischkatze
(Tropisches Asien; Uferregionen; bis 45 kg)

Die Fischkatze lebt an Gewässern und ernährt sich vorwiegend von Wassertieren (Fische, Frösche, kleine Krebse).

Puma
(Amerika; alle Lebensräume; bis 100 kg)

Nordamerikanische Siedler nannten den Puma wegen seiner beigen Farbe, die der einer Löwin ähnelt, „Berglöwe".

Katzen der tropischen Wälder

Tropisches Amerika:
1 **Ozelot** (bis 16 kg)
2 **Wied-Katze** (bis 9 kg)
3 **Kleinfleckkatze** (3 kg)
4 **Wieselkatze** (bis 10 kg)

Südostasien:
5 **Marmorkatze** (5 kg)
6 **Bengalkatze** (bis 7 kg)

1 **Europäische Wildkatze** (Eurasien, Afrika; vorwiegend Wald; bis 6 kg)

Die kleinen Raubkatzen unterscheiden sich von den großen durch ihr Verhalten: Sie brüllen nicht, fressen im Kauern, nicht im Liegen, und putzen sich ausgiebig wie Hauskatzen. Die kleinen Raubkatzen haben alle ein ähnlich gefärbtes Fell, gestreift oder gefleckt. Einige Arten wie Luchs, Serval und Puma sind etwas größer.

Wüsten- oder Sandkatze
(Nordafrika, Naher Osten; Sandwüste; 2 kg)

Serval
(Afrika; bewaldete Savanne; bis 20 kg)

Wüstenluchs
(Afrika; Savanne, Steppe, Wüste; bis 16 kg)

Seehunde, Ohrenrobben und Walrosse

Unterordnung:
Wasserraubtiere
Familien: Seehunde,
Ohrenrobben, Walrosse
17 Gattungen, 33 Arten
Vor allem kalte Meere und in Küstennähe, manchmal auch in den Tropen

Küstenbewohner

Im Unterschied zu den Walen und Seekühen leben die Robben teilweise an Land: Dort paaren sie sich, bringen ihre Jungen zur Welt und säugen sie. Ihr einfaches Raubtiergebiß ist vor allem zum Festhalten der Beute geeignet: Das sind Fische, Krebse und Weichtiere.

Hundsrobben und Seehunde

An Land bewegen sich die Seehunde nur schwerfällig. Doch im Wasser sind sie elegante Schwimmer.

Arktische Robben
(Kalte und gemäßigte Meere der Nordhalbkugel)
1 Kegelrobbe (120–290 kg)
2 Ringelrobbe (bis 90 kg)
3 Sattelrobbe (bis 180 kg)
4 Bartrobbe (410 kg)
5 Bandrobbe (95 kg)

Antarktische Robben
(Südl. Ozeane)
6 Weddell-Robbe (400 kg)
7 Krabbenesser (bis 225 kg)
8 Seeleopard (370 kg)
9 Ross-Robbe (180 kg)

Rüsselrobben
Sie haben einen Rüssel auf dem Kopf, den sie aufblasen, wenn sie erregt sind. Im Ruhezustand wirkt der Rüssel wie ein schlaffer, faltiger Beutel.
10 See-Elefant (Südl. und arktische Ozeane; bis 3 600 kg)
11 Klappmützenrobbe (Südl. Ozeane; 320 kg)

Mönchsrobben
(Küsten des Mittelmeers, Mauretaniens und Hawaiis)
12 Mittelmeer-Mönchsrobbe (170 kg)

Mähnenrobben
An Land „watscheln" sie mit ihren Flossen.

Seebären
(Atlantik, Pazifik)
13 Südamerikanischer Seebär (Südamerika; 50–160 kg)

Seelöwen
14 Kalifornischer Seelöwe (Westküste Nordamerikas; 90–275 kg)
15 Stellerscher Seelöwe (Nordpazifik; bis 1 100 kg)

Walrosse
Sie haben gewaltige Stoßzähne, aber im Verhältnis zu ihrem massigen Körper einen kleinen Kopf.
16 Walroß (Arktis; 600–1200 kg)

Hasen, Kaninchen und Pfeifhasen

Ordnung: Hasentiere
2 Familien: Hasenartige (Kaninchen und Hasen), Pfeifhasen
12 Gattungen
60 Arten

Schneehase (Arktische Tundren, Alpen, Großbritannien; 1,7–5,8 kg)

Lauf, Hase, lauf

Hasen und Kaninchen können ihren Feinden nur durch schnelle Flucht entkommen. Sie sind sehr schnell (Hasen erreichen Geschwindigkeiten bis 80 km/h). Mit Riesensprüngen von bis zu 2,50 m und hakenschlagend laufen sie davon.

Feldhase
(Eurasien, Afrika; 1–7 kg)
Er ist ein Einzelgänger. Bei Gefahr kann er sich nicht in einen Bau zurückziehen, sondern duckt sich in eine Bodenmulde.

Der Schneehase bekommt mit Ausnahme seiner schwarzen Ohrspitzen im Winter ein weißes Fell. So ist er seiner Umgebung ausgezeichnet angepaßt. Damit er nicht so tief in den Schnee einsinkt, spreizt er die Zehen.

Ab März versucht der Rammler, das Männchen, ein Weibchen für sich zu gewinnen. Um der Häsin zu imponieren, vollbringt er wahre akrobatische Kunststücke und schlägt sich in harten Boxkämpfen mit seinen Rivalen.

Kämpfende Hasen; ihre Bewegungen erinnern an einen Boxkampf.

Warnsystem der Kaninchen
Kaninchen sind gesellige Tiere. Sie leben in oft weitverzweigten Höhlengängen unter der Erde. Ihr bevorzugtes Wohngebiet ist lichter Wald mit trockenem, sandigem Boden. Droht Gefahr, hebt das Kaninchen den Schwanz. Dann klopft es mit seinen Hinterläufen auf den Boden. Dank ihrer langen, empfindlichen Ohren hören das seine Artgenossen über weite Entfernungen und sind gewarnt.

Pfeifhase oder **Pica**
(Asien, Nordamerika; Steppe; 100–400 g)
Die Pfeifhasen verdanken ihren Namen ihrem gellenden Pfeifen.

Wildkaninchen
(Europa, Nordafrika, dann Australien; 0,7–2 kg)
Das Wildkaninchen ist ein Meister im Graben. Der Bau, in dem es lebt, wird im Lauf von Generationen gebaut und immer wieder erweitert.

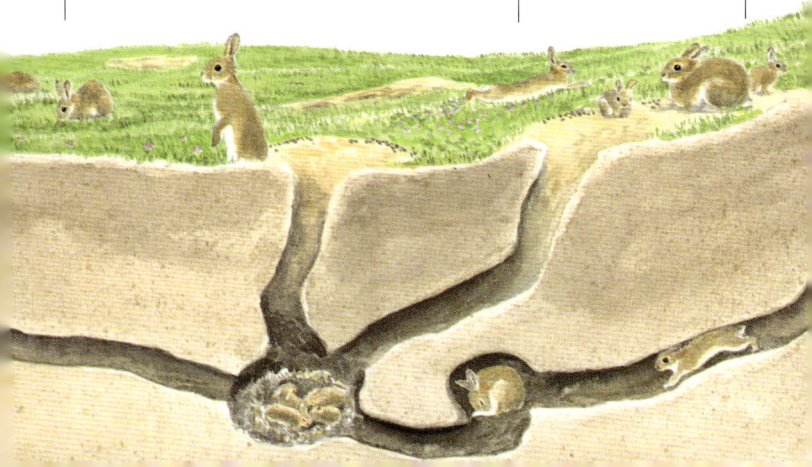

Erdferkel und Schliefer

Ordnung:
Röhrenzähner
1 Gattung, 1 Art
Afrika, Savanne

Seine lange, schweineähnliche Schnauze und sein borstiges Fell haben ihm wohl den Namen Erdferkel eingetragen.

Das Erdferkel, das viel gräbt, besitzt am Ende seiner Vorderpfoten lange, löffelförmige Krallen mit scharfen Rändern. Es sind hervorragende Werkzeuge, um Gräben auszuheben, im Boden zu buddeln und Termitenhügel aufzureißen.

Erdferkel (50 – 80 kg)

Das Erdferkel ist ein äußerst seltsames Tier. Nachts unternimmt es kilometerlange Wanderungen auf der Suche nach Ameisen und Termiten, seiner Hauptnahrung. Scheinbar völlig ziellos bewegt es sich mal dahin, mal dorthin. Es besitzt jedoch einen guten Geruchs- und Gehörsinn. Die Nase stets dicht über dem Boden, hält es immer wieder inne, um genauer zu schnüffeln und mit der Vorderpfote zu graben. Wie Ameisenbären und Gürteltiere besitzt es eine lange, klebrige Zunge, die es weit herausstrecken kann. Damit fängt das Erdferkel Insekten.

Die Klippschliefer leben in Kolonien auf Felsinseln in der Savanne.

Der Schliefer ähnelt einem Meerschweinchen und ist hasengroß. Tatsächlich ist er mit Elefanten und Seekühen verwandt. Zur Zeit ihrer weitesten Verbreitung am Ende des Tertiärs (vor ungefähr 3 – 3,5 Mio. Jahren) kamen die Schliefer auch in Europa vor. Damals waren sie größer als heute: etwa so groß wie ein Wildschwein.

1 Baumschliefer (Afrika; Wald; 1,7 – 4,5 kg)
Nachtaktiver Einzelgänger
2 Sahara-Klippschliefer (Afrika; Savanne, Steppe, Wüste; 1,8 – 5,4 kg)
Geselliges, tagaktives Tier

Ordnung: Schliefer
Familie: Schliefer
3 Gattungen, 11 Arten
Afrika, Arabische Halbinsel

Schädel des Schliefers

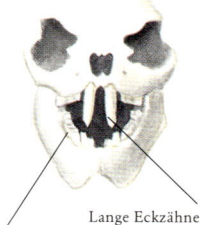

Lange Eckzähne
Mahlzähne

Elefanten

Ordnung: Rüsseltiere
Familie: Elefanten
2 Gattungen: Asiatischer und Afrikanischer Elefant
2 Arten
Asien, Afrika

Die Stoßzähne sind verlängerte Schneidezähne und wachsen ständig nach. Sie werden sichtbar, wenn der Elefant etwa 2 Jahre alt ist.

Indischer oder **Asiatischer Elefant** (Indien, Südostasien; tropischer Wald; bis 5 t)

Eine Nase, mit der man viel machen kann

Ein hervorragendes Gehör, ein ausgezeichneter Geruchssinn, ein sprichwörtlich gutes Gedächtnis... Dennoch ist es der Rüssel, der den Elefanten am meisten charakterisiert. Der Rüssel ist wie eine Hand gleichzeitig stark und feinfühlig. Das Tier kann damit zärtlich einen Artgenossen streicheln, eine Erdnuß aufheben oder einen Baum umreißen. Mit dem Rüssel kann der Elefant Wasser aufsaugen und seinen Rücken abduschen. Nimmt er Staub statt Wasser, dann ist der Rüssel zu einer Art Sandstrahlgebläse umfunktioniert. So pflegt der Elefant seine ebenso dicke (4 cm) wie zarte Haut.

Der Indische Elefant wird als Lasttier benutzt.

Außerdem kann er mit seinem Rüssel trompeten und sich so mit seinesgleichen verständigen.

Gemeinschaftsgeist

Elefanten leben in Herden in der Savanne und im Wald. Sie werden von einem alten Weibchen angeführt. Sie sind sehr treue Tiere und verlassen einen Artgenossen, der in Schwierigkeiten ist, nicht. So verteidigen sie oft noch den Körper eines bereits toten Tieres. Junge Weibchen, die erst mit 15–20 Jahren geschlechtsreif werden, helfen ihren Müttern vielfach auch bei der Aufzucht der Jungen.

Den Indischen Elefanten kann man an seinen beiden Stirnwölbungen, den kleinen Ohren und den kürzeren Stoßzähnen erkennen.

Afrikanischer Elefant

Indischer Elefant

Das Elefantenkalb lernt sehr schnell, beim Baden seinen Rüssel zu heben, damit es atmen kann.

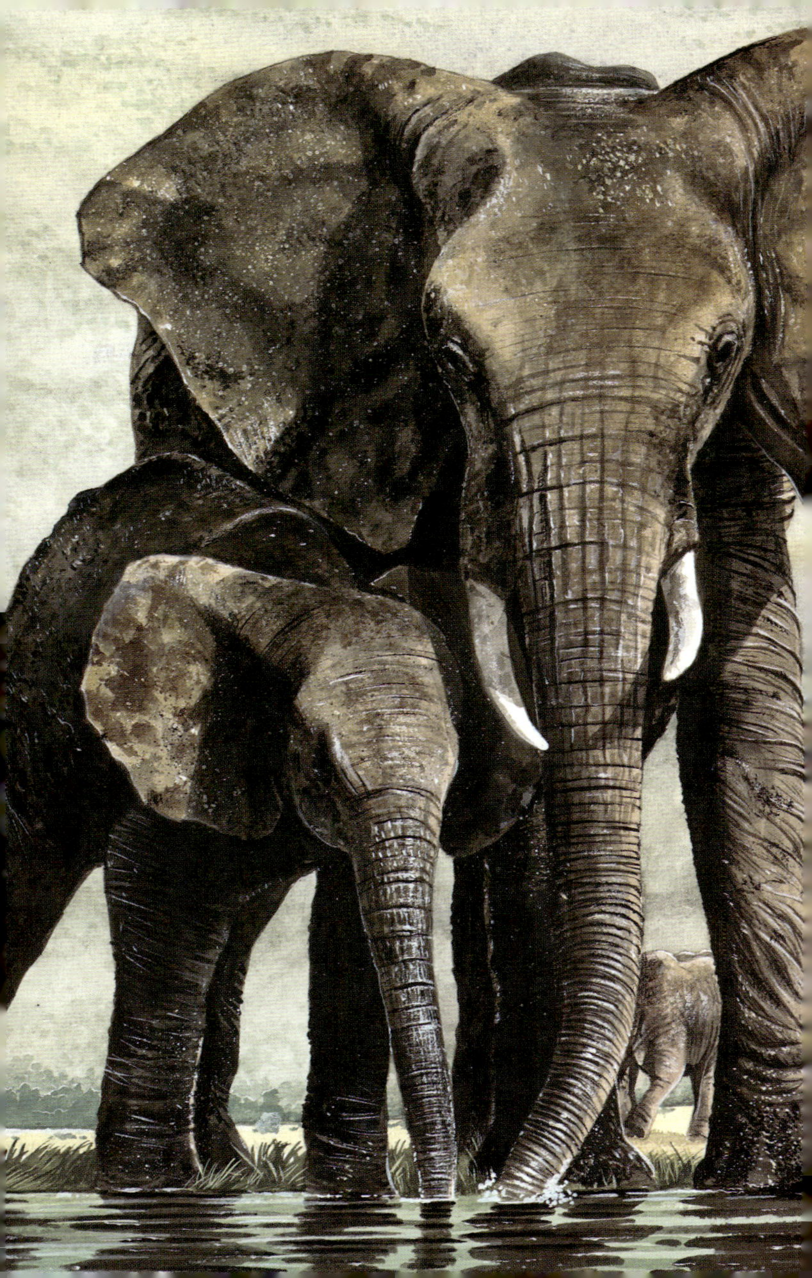

Afrikanischer Elefant
(Savanne, Wald; bis 6 t
bei in Savannen lebenden,
1 – 3,5 t bei Waldelefanten)

Nach dem Bad pudern sich die Elefanten mit Staub ein, um sich gegen Insekten und die Sonne zu schützen.

Gewaltiger Appetit

Trotz ihrer beeindruckenden Größe und ihres Gewichts treten Elefanten nur mit den Zehenspitzen auf. Ihre Fußsohlen sind gepolstert und verleihen den Riesen einen leichten, federnden Gang. Elefanten können lange – bis zu 50 km – bis zur nächsten Wasserstelle laufen. Sie brauchen viel Nahrung, um ihren gewaltigen Körper bei Kräften zu halten. Da sie stets auf denselben Strecken wandern, haben sie im Lauf der Jahrhunderte regelrechte Sraßen durch die Wälder getreten, die auch von anderen großen Tieren und den Menschen benutzt werden.

Beim Trinken saugt der Elefant seinen Rüssel mit Wasser voll und spritzt es sich dann ins Maul.

Der Afrikanische Elefant hat zwei, der Indische Elefant eine greiffähige Spitze („Finger") am Ende des Rüssels. Für beide Arten ist der Rüssel ein wertvolles Instrument, um z. B. zarte Triebe in bis zu 5 m Höhe abzubrechen oder um eine Frucht vom Boden aufzulesen.

Dugongs und Manatis

Ordnung: Seekühe
2 Gattungen, 4 Arten
Flache Küstengewässer und Flüsse der tropischen Regionen auf der ganzen Welt

1 Nagel-Manati
(Florida, Karibik, Amazonien, Westafrika; 300 – 700 kg)
2 Dugong
(Küsten Ostafrikas, Südasiens und Nordaustraliens; 200 kg)

„Kühe", die auf dem Meeresgrund grasen

Die Seekühe, friedliche, wehrlose und sehr scheue Tiere, grasen auf dem Meeresgrund. Dort, auf ihren Weiden, gibt es Tang, Seegras und andere Wasserpflanzen.

Es sind Meeressäugetiere, die ihr Junges über ein Jahr lang säugen. Kurz nach der Geburt hält z. B. der Manati das Junge über die Wasseroberfläche, damit es zum erstenmal Luft holen kann.

Vielleicht sind die Manatis die sagenhaften „Meerjungfrauen", denn Manati ist das karibische Wort für Frauenbrust. Tatsächlich haben die Weibchen einen Busen, der dem menschlichen sehr ähnelt.

Unterschiede im Körperbau

Dugongs haben eine halbmondförmige, querstehende Schwanzflosse, während die der Manatis rund ist. Auch ihr Gebiß unterscheidet sich: Manatis besitzen oben und unten je 5–8 Backenzähne. Allerdings werden nur die vorderen benutzt. Fällt ein Zahn aus, rückt die ganze Zahnreihe einen Platz nach vorn. An ihrem hinteren Ende wächst dann ein neuer Zahn. Dugongs haben in ihrer Jugend wurzellose Backenzähne, die jedoch bald ausfallen. Zum Zermalmen der Nahrung dienen ihnen Hornplatten, die den knöchernen Gaumen und Unterkiefer bedecken.

Atmender Manati. Seekühe heben ihren Kopf alle 2–3 Minuten aus dem Wasser, um zu atmen.

Pferde, Zebras und Wildesel

Bei den Zebras spielt der Gesichtsausdruck für die Verständigung eine große Rolle. Je nach Stellung des Mauls und der Ohren bedeutet er etwas anderes.

Ordnung: Unpaarhufer
Familie: Pferde
1 Gattung: Pferde
6 Untergattungen
Ost- und Südafrika, Asien, Naher Osten

Das Pferd hat viele Verwandte, darunter Esel und Zebra. Doch gehören alle zur selben Familie. Wie zahlreiche andere Wildtiere auch, leben Pferde in Herden zusammen. In der Regel verteidigt ein Leithengst seine „Familie" von mehreren Stuten und Fohlen. Es gibt jedoch auch Hengste ohne Revier. Die Herden grasen in Savannen und Steppen, fressen Gräser und die verschiedensten Kräuter.

Der älteste pferdeähnliche Vertreter ist das etwa fuchsgroße Urpferdchen. Es lebte vor über 50 Mio. Jahren. Seine Vorderfüße

Zwei Zebrahengste kämpfen um die Herrschaft über eine Herde.

Die Wasserstelle ist der bevorzugte Jagdort der Löwen, der größten Feinde der Zebras.

waren vier-, die Hinterfüße dreizehig. Auch das heutige Pferd hat eigentlich drei Zehen. Allerdings ist nur die mittlere Zehe zum tragenden Fußglied ausgebildet: dem Huf.

Zebras sind Wildpferde mit gestreiftem Fell. Je nach Art sind die Streifen unterschiedlich. Weil in den riesigen Herden viele Gruppen zusammenleben, können die Zebras sich an ihren Musterungen erkennen und bleiben so zusammen.

3 Arten, 3 Streifenmuster:
Grévy-Zebra: zahlreiche, sehr feine Streifen
Hartmann-Bergzebra: breite Streifen, auf der Kruppe quergestreift
Chapman-Zebra: wenige breite Streifen

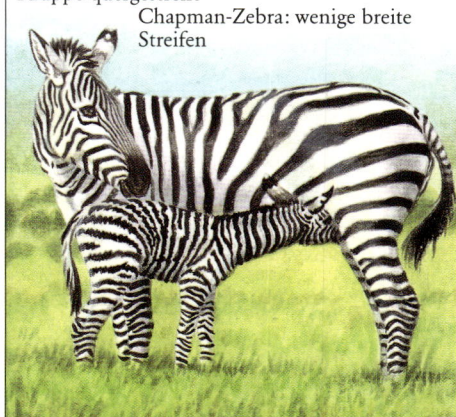

Das Chapman-Zebra: das einzige noch zahlreich vorkommende Wildpferd.

Grévy-Zebra
(Ostafrika; Steppe, Halbwüste;
350 – 400 kg)

Hartmann-Bergzebra
(Südafrika; trockene Hügel und Gebirge;
250 – 300 kg)

Chapman-Zebra
(Süd- und Ostafrika; Savanne, Steppe;
175 – 355 kg)

Przewalski-Pferd
(200–300 kg)
Anders als die wild in Nordamerika lebenden Pferde ist es ein echtes Wildpferd. Man erkennt es an seiner struppigen Mähne. Sie ist typisch für alle Wildpferde, während die Mähne bei Hauspferden zur Seite fällt.

Somali-Wildesel
(Somalia; Wüste und Gebirge; 275 kg)
Die einzige Art des Wildesels in Afrika, die bis heute ungezähmt überlebt hat.

Das Pferd unterscheidet sich von den übrigen Pferdeartigen z. B. durch seinen von der Wurzel an behaarten Schweif. Der Vorfahr des Hauspferds, das Przewalski-Pferd, ist um 1968 in seinem natürlichen Lebensraum, der Mongolei, ausgestorben. Heute lebt es nur noch in Gefangenschaft. Die ältesten Hauspferde wie das Camargue-Pferd, das Fjord-Pony und das Exmoor-Pony ähneln ihm aber noch sehr.

Mit ihren Nüstern blasen sie im Schreiten vom Gras hinweg den goldnen Staub der Zeiten.

Sergej Jessenin

Nubischer Wildesel (Wüste)
Die Ägypter zähmten ihn vor etwa 6 000 Jahren. Seitdem ist er ein Haustier.

Asiatischer Wildesel
(Naher Osten und Zentralasien; 200 – 400 kg)
Der Asiatische Wildesel gleicht mehr als andere Esel einem Pferd. Wie bei den Eseln wachsen an seinem Schwanz erst ab der unteren Hälfte lange Haare, und seine Ohren sind lang. Die Laute, die er von sich gibt, liegen zwischen dem Geschrei der Esel und dem Wiehern der Pferde.

Der Afrikanische und **der Asiatische Wildesel.** Die kleinen, robusten Tiere sind bestens an ein Leben in hügeliger und karger Landschaft angepaßt.

Tapire

Ordnung:
Unpaarhufer
Familie: Tapire
1 Gattung: Tapir
4 Arten

Die weiße Zeichnung des Tapirjungen ist eine gute Tarnung im Dickicht.

Der Tapir ernährt sich von Laub, Knospen, Früchten und kleinen Wassertieren.

Schabrackentapir (Malaiische Halbinsel, Sumatra; Wald; 250–300 kg)

Eine sehr urtümliche Familie

Bereits vor etwa 50 Mio. Jahren lebten in Nordamerika und Asien tapirartige Tiere. Doch fehlte ihnen damals noch der charakteristische Rüssel. Tapire sind sehr scheu und leben im Dämmerlicht.

Flachlandtapir (Südamerika; über 300 kg)

Ein gedrungener Körper

Massiv, mit gedrungenem Hals, einem glatten und kurzen Fell, haben alle Tapire, außer dem schlanken Bergtapir, einen kleinen, beweglichen, greiffähigen Rüssel. Mit ihm pflücken sie Blätter von etwas höheren Zweigen und schieben sie ins Maul. Bei Gefahr beugt der Tapir den Kopf tief zur Erde und stürzt blindlings vorwärts. Als „kompakte Kugel" durchbricht er so das dichteste Unterholz. So kann er seinen Feinden wie Jaguar und Puma entkommen. Seine Augen sind gut geschützt, weil sie klein sind und tief liegen.

Mittelamerikanischer Tapir
(Zentralamerika; Wald; 300 kg)

Als ausgezeichnete Schwimmer lieben Tapire das Wasser. Bei Gefahr fliehen sie dorthin und tauchen mehrere Minuten unter. Auf diese Art befreien sie sich von Ungeziefer.

Bergtapir
(Nordanden; Wald; bis 250 kg)

Der an das Gebirgsklima und die steilen Hänge angepaßte Bergtapir hat ein langes, dichtes Fell und einen schlanken Körper.

Nashörner

Breitmaulnashorn
(Afrika)

Spitzmaulnashorn
(Afrika)

Panzernashorn
(Indien)

Sumatra-Nashorn

Die Nashörner, Dickhäuter von bizarrer Gestalt, scheinen Tiere der Urzeit zu sein. Tatsächlich sind die heute noch vorkommenden fünf Arten der Rest einer einst im Tertiär (vor etwa 50–60 Mio. Jahren) weit verbreiteten Familie.

Unverwechselbare Zeichen: Schnauzen und Hörner

Auf den Schnauzen der afrikanischen Nashörner sitzen zwei Hörner, während auf denen der asiatischen Nashörner – außer beim Sumatra-Nashorn – nur ein Horn wächst.

Das Breitmaulnashorn hat seinen Namen zu Recht. Man kann es sofort an seinem breiten Maul erkennen, mit dem es kurze Gräser und andere Bodenpflanzen abreißt.

Sie behaupten doch, daß es nicht gefährlich ist,
mitten in der Stadt ein Nashorn frei herumlaufen zu lassen.
Vor allem am Sonntagvormittag,
wo die Straßen voll von Kindern sind.
Eugène Ionesco

Die anderen Nashörner haben ein längliches, spitzes Maul. Damit können sie Blätter greifen, abreißen und fressen.

Ordnung: Unpaarhufer
Familie: Nashörner
4 Gattungen, 5 Arten
Tropisches Afrika und Asien

So begegnen sich zwei rivalisierende Breitmaulnashörner: Sie kreuzen die Hörner, die sie dann am Boden reiben. Das unterlegene Tier trabt davon, während der Sieger Urin abläßt und damit sein Revier markiert.

Kuhreiher ernähren sich vom Ungeziefer, das auf der Haut der Nashörner lebt.

Spitzmaulnashorn
(Afrika; bewaldete Savanne; bis 1,5 t)

Nein, es war nicht dasselbe Nashorn.
Das von vorhin hatte zwei Hörner auf der Nase.
Es war ein indisches Nashorn.
Dieses hier hatte nur eins. Es war ein afrikanisches!

Eugène Ionesco

Nashörner werden etwa 45 Jahre alt und werfen nur alle 2–4 Jahre ein einziges Junges.

Panzernashorn
(Nordindien, Nepal; bis 2 t)
Es hat eine ledrige Haut mit vielen Falten.

Das Temperament

Nashörner leben meist als Einzelgänger in ihrem Revier. Nur das Breitmaulnashorn, der Riese in der Familie, ist eher gesellig. Es ist von ziemlich friedfertigem Gemüt, während das Panzernashorn und vor allem das Spitzmaulnashorn leicht erregbar sind. Gewöhnlich schreitet das Nashorn gewichtig und etwas plump einher. Das täuscht aber. Wird es gereizt, kann es seinen Angreifer rasch und ausdauernd verfolgen (mit bis zu 40 km/h). Dann wird es selbst für berittene Jäger gefährlich.

Das Panzernashorn frißt hohe Gräser, wenn es sich nicht während der heißen Stunden des Tages im Sumpf suhlt.

Badendes Breitmaulnashorn. Nashörner suhlen sich im Schlamm, um lästiges Ungeziefer loszuwerden.

Breitmaulnashorn
(Afrika; Savanne; 2–4 t)

Das Java-Nashorn ist nahe mit dem Panzernashorn verwandt. Heute lebt es nur noch in einem Naturschutzgebiet auf Java, und einige Tiere gibt es, wie man erst vor kurzem entdeckte, in Indochina.

Sumatra-Nashorn
(Thailand, Malaiische Halbinsel, Sumatra, Borneo; bis 1 t)
Ein Überbleibsel aus der Urzeit, denn es ist die letzte Art einer sehr alten Gattung von Nashörnern. Als einziges besitzt es ein Fell.

Java-Nashorn (Java, Indochina; bis 1,4 t)

Bedrohte Tiere
Nashörner sind vor allem wegen ihrer Hörner, denen manche Menschen magische Kräfte zuschreiben, viel gejagt worden. Heute gibt es insgesamt kaum noch 10 000 Tiere, davon nur etwa 50 Java-Nashörner und nicht mehr als 100 Sumatra-Nashörner.

Wildschweine und Pekaris

Ordnung: Paarhufer
2 Familien: Altweltliche Schweine und Pekaris
6 Gattungen, 11 Arten

Die weiblichen Wildschweine, Bachen genannt, werfen jährlich 3 – 12 Frischlinge. Zur Geburt ziehen sich die Bachen zurück. Erst wenn die Frischlinge einige Wochen alt sind, dürfen die vorjährigen Jungen wieder zu ihnen stoßen.

*Blaue Gipfel hüllt der Wind
in mildfarbene Nebel.
Und wenn im Tal die Rosen blühten
lag Schnee auf den Bergen
von Dschawachethi.
Der Sturm heulte durch die Wälder
der Wind pfiff den Wolken nach
und strich über den Parawanisee.*

Anna Kalandadse

Wildschwein
(Eurasien, Nordafrika; Wald; 50 – 350 kg)

Buschschwein (Afrika; Wald; 50 – 120 kg)

Wie alle Schweine lieben Wildschweine das Wasser und suhlen sich gerne im Schlamm. Diese Plätze nennt man Suhle oder Wildschweinlager.

Das Wildschwein

Das Wildschwein ist ein kräftiges Huftier und besitzt zu Hauern geformte Eckzähne. Vom „Schwarzkittel", wie es manchmal genannt wird, stammt unser Hausschwein ab. Doch sind beim Wildschwein der Kopf und vor allem die Schnauze länger. Außerdem haben die Wildtiere eine weitaus dichtere und kräftigere Behaarung, die Borsten. Sie sind von graubraunschwarzer Farbe. Das ist eine gute Tarnfarbe im Unterholz.

Bei den Frischlingen ist das zunächst weiche braune Fell von leuchtend ockergelben oder orangen Längsstreifen gezeichnet. Erst nach 6 Monaten nimmt das Fell die Farbe der erwachsenen Tiere an.

Die unteren Eckzähne des Wildschweins bezeichnet man als „Hauer". Die Hauer haben offene Zahnhöhlen und wachsen zeitlebens nach.

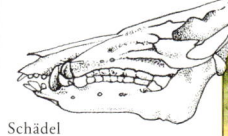

Schädel des Wildschweins

Schädel des Warzenschweins

Beim erwachsenen Tier können die Hauer eine erstaunliche Länge erreichen (60 cm).

Das Warzenschwein rutscht bei der Nahrungsaufnahme auf den schwieligen Handbeugen.

Hirscheber
(Südostasien; tropischer Wald; bis 100 kg)
Seine Hauer sind stark gekrümmt.

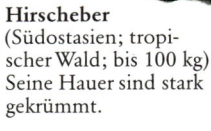

Zwergwildschwein
(Vorgebirge des Himalaja, Nordindien; 6 – 10 kg)

Die Familie der Altweltlichen Schweine

Zur Familie der Altweltlichen Schweine gehören die Gattungen der Buschschweine, der Wildschweine, der Warzenschweine, der Waldschweine und der Hirscheber.

Sie besitzen einen sehr gut entwickelten Geruchssinn. Mit ihrem Rüssel wühlen sie in der Erde oder im Schlamm und suchen Wurzeln, Larven und Würmer. Allerdings sind Schweine Allesfresser, und so gehören auch Gräser, Blätter, Früchte, Eicheln, Bucheckern, Eier, manchmal kleine Vögel, Reptilien, Mäuse und verwundete Säugetiere wie Hasen oder gar Aas zu ihrem Speisezettel.

Das männliche Warzenschwein sieht recht seltsam aus: Im Gesicht wachsen ihm bis zu 15 cm lange, warzenartige Auswüchse. Unter den Augen hat es Hautfalten, die wie Tränensäcke aussehen. Wenn es rennt, stellt es den Schwanz auf.

Warzenschwein
(Afrika; Savanne; 50 – 150 kg)

Eine andere Familie: die Pekaris

Mit ihrem sehr kräftigen Borstenkleid ähneln sie den Schweinen. Trotzdem sind die Unterschiede so groß, daß die nur in Amerika vorkommenden Tiere eine eigene Familie bilden: die Pekaris. Im Gegensatz zu den Altweltlichen Schweinen leben sie in großen Herden, zu denen manchmal bis zu 100 Tiere gehören können. Wie bei Raubtieren sind die oberen Eckzähne nach unten gerichtet. Mit ihnen beißen sie, statt zu stoßen wie die Altweltlichen Schweine.

Riesenwaldschwein
(Dichter afrikanischer Wald; 130–275 kg)
Es wurde erst 1904 entdeckt.

Halsbandpekari
(Tropisches Amerika; 17–25 kg)
Trotz seiner geringen Größe (40 cm) scheut es sich nicht, einen Jaguar anzugreifen, damit seine Jungen fliehen können.

Weißbartpekari
(Tropisches Amerika; 25–40 kg)
Es lebt in großen Herden von etwa 100 Tieren.

Flußpferde

Ordnung: Paarhufer
Familie: Flußpferde
2 Gattungen: Zwerg-
flußpferde und Groß-
flußpferde
2 Arten
Afrika

Flußpferde
(Süßwasser, Savanne;
1,6 – 3,2 t)
Ehemals weit ver-
breitet

Flußpferde, Riesen der afrikanischen Tierwelt, führen ein Doppelleben: Tagsüber
dösen sie im Wasser, nachts steigen sie an
Land, um Futter zu suchen. Dann fressen
sie bis zu 50 kg Gras und Kräuter.

Zwei Tageszeiten, zwei Bewegungen
Bei Sonnenuntergang, wenn die Dickhäuter das Wasser verlassen, um in der
Savanne zu grasen, erklingt ihr be-
eindruckendes Gebrüll. Im Dunkeln
finden sie ihren Weg leicht, denn sie setzen

gewaltige Kothaufen, die sie zusätzlich mit Urin markieren. Sie sind gesellig und leben meist in Gruppen von etwa 10 Tieren. Im Morgengrauen, gegen vier Uhr, kehren die Flußpferde wieder ins Wasser zurück, manchmal nur noch kleine, brackige Tümpel.

Flußpferde gehören wohl zu den gefährlichsten afrikanischen Wildtieren. Sie können unverhofft sehr aggressiv werden und

Wenn Flußpferde kämpfen, versuchen sie, ihre Hauer ins Fleisch des Gegners zu stoßen. Damit können sie ihn sogar tödlich verletzen.

Flußpferde sind keine guten Schwimmer, sondern laufen eher über den Grund.

Flußpferde tragen viel zum Reichtum der Tierwelt in afrikanischen Gewässern bei. Ihr im Wasser ausgeschiedener Kot und Urin wirken wie Dünger und fördern die Entwicklung winzig kleiner Algen, die von Fischen gefressen werden. Diese wiederum sind die Nahrung der Vögel und Krokodile.

Nur in manchen Gegenden fressen Flußpferde Wasserpflanzen und Schilf. Hauptsächlich besteht ihre Nahrung jedoch aus Gras, das sie dicht über dem Boden mit ihren Lippen abreißen.

Einst werden sie den Strom der Berge wieder grüßen,
In welchem mit Gebrüll das ries'ge Flußpferd schwimmt.

Charles Marie
Leconte de Lisle

angreifen. So gibt es mehr Unfälle mit Flußpferden als z. B. mit Löwen.

Für ihr Wohlbefinden
Flußpferde bevorzugen Tiefen von 1–1,5 m ohne Strömung: Daher sind seichte Wasserstellen oft dicht bevölkert, und es werden heftige Kämpfe ausgetragen. Die Gegner fügen sich schreckliche Wunden zu, obwohl ihre Haut sehr dick ist.

Zwergflußpferd
(Wald, Süßwasser;
180–275 kg)
Es ist eher ein Wald- als ein Wasserbewohner.

Die Mutter wacht über ihre Jungen: Das kleinste geht voraus, während die anderen Jungen dahinter nach der Größe folgen. Das größte Tier kommt zuletzt. Die Jungen sind sehr gefährdet, da sie leicht zur Beute von Löwen oder Leoparden werden.

Das Zwergflußpferd

Das Flußpferd lebt in offener Landschaft. Sein naher Verwandter, das Zwergflußpferd dagegen bewohnt ausschließlich den dichten westafrikanischen Urwald und ist sehr scheu. Es lebt nur in kleinen Gruppen, die selten mehr als drei Tiere umfassen.

Innerhalb von drei Wochen hat das Junge – es wiegt bei der Geburt zwischen 45 und 50 kg – sein Gewicht verdoppelt und nach fünf Monaten verzehnfacht. Gesäugt wird es unter Wasser. Mit 4–5 Jahren ist es geschlechtsreif.

Das Brüllen des Flußpferds ist in aller Regel als Abschreckung für einen Eindringling zu verstehen.

Kamele und Lamas

Ordnung: Paarhufer
Familie: Kamele
2 Gattungen, 6 Arten
Afrikanische und
asiatische Wüsten,
Patagonien und Hoch-
regionen der Anden

Die Kamele, widerstandsfähig gegen Hunger, Durst, Kälte, Hitze und Müdigkeit, wurden bereits vor etwa 4000 Jahren als Haustiere gehalten. Außer dem Guanaco und dem Vikunja gibt es keine Wildformen mehr.

Zweihöckriges Kamel oder **Trampeltier** (Zentralasien, Türkei; Kaltsteppen und -wüsten; 450–650 kg)

Die zwei Höcker des Kamels und der eine Höcker des Dromedars sind Fettspeicher. Da Fett Wärme schlecht leitet, schützen sie vor Hitze. Kamele können im trockenen Klima überleben, weil ihr Blut einen höheren Wassergehalt besitzt als das anderer Tiere. Deshalb schwitzen sie weniger.

Dromedarkarawane in der Wüste. Die langbeinigen Dromedare gehen im Paßgang, d. h. sie bewegen Vorder- und Hinterbein auf derselben Seite gleichzeitig.

Dromedar
(Nord- und Ostafrika, Naher und Mittlerer Osten; Heißsteppen und -wüsten; 450–650 kg)

Eine Dromedarherde an einer Wasserstelle. Wie Trampeltiere trinken sie bis zu 120 l Wasser auf einmal.

In Südamerika stellen Lama und Alpaka die beiden gezähmten Formen des Guanaco dar.

Nüchtern wie ein Kamel

In der Gluthitze der Wüste können es Trampeltiere und Dromedare bis zu 17 Tage ohne Wasser aushalten. Sie scheiden sehr trockenen Kot aus und urinieren und schwitzen kaum. Sie können ihre Nasenlöcher schließen, so daß kein Sand eindringt und der Verlust an Feuchtigkeit nur gering ist.

Das Lama ist ein typisches Gebirgstier und erträgt extrem niedrige Temperaturen (−32 °C).

Die Kamele der Neuen Welt

Die südamerikanischen Kamele sind kleiner und damit gut an die gebirgige Landschaft der Anden angepaßt. Ihre Beine sind gerade, auf dem Rücken fehlt der Höcker. Sie geben Wolle von hervorragender Qualität, besonders das Alpaka und das Vikunja.

Die gespaltene Oberlippe der Lamas ist charakteristisch für alle Kamele.

Kamele der Neuen Welt
(Anden, Patagonien)
1 Guanaco
(Steppen, Wüsten; bis 120 kg)
2 Alpaka
(Sumpf, Prärie; 60 kg)
3 Lama
(Prärie; 140 kg)
4 Vikunja
(Trockensteppe; 50 kg)

Hirsche, Rehe und Hirschferkel

Ordnung: Paarhufer
Unterordnung:
Wiederkäuer
2 Familien: Hirsche
und Zwerghirsche
17 Gattungen
43 Arten
Amerika, Eurasien,
Nordafrika

Während der Brunftzeit: Auf einer Lichtung gibt der Hirsch durch rauhes, schnarrendes Brüllen, das Röhren, seinen Anspruch auf das Revier zu erkennen.

Der König der Wälder der gemäßigten Breiten

Sein eindrucksvolles Geweih und seine majestätische Haltung machen den Hirsch zu einem edlen Bewohner der Wälder in den gemäßigten Breiten. Ein Geweih tragen nur die Männchen. Damit wehren sie in der Brunftzeit (Paarungszeit) von September bis Oktober Rivalen von den Hirschkühen ab.

Am Hohlweg wechselt schneller das Wild.
Und wie ein Hall aus fernen Jahren
Dröhnt über Wälder weit ein Schuß.

Peter Huchel

1 Rothirsch
(Eurasien, Nordamerika; 75 – 300 kg)
2 Hirschkuh und das Junge, das **Hirschkalb**
3 Damhirsche
(Europa; 30 – 100 kg)
Den mittelgroßen Damhirsch erkennt man an seinem Schaufelgeweih.

4 Axishirsch mit **Hirschkuh**
(Indien; 75 – 100 kg)
Diese Tiere besitzen ein dunkelbraun getupftes Fell und leben in großen Rudeln.

5 Rehe
(Eurasien; 17 – 23 kg)
Ihr Geweih ist kürzer und weniger verzweigt.

Am Bach eingedrückte Spuren,
am Strauch Triebe abgenagt.
Voll Gerüchen die witternden Nüstern,
und voll Laut das wachsame Ohr.

Justinas Marcinkevičius

Das Geweih der Hirsche

Die männlichen Hirsche, aber auch die Rentierweibchen, tragen Geweihe. Das sind verzweigte Knochenauswüchse auf dem Kopf. Jedes Frühjahr wirft der Hirsch sein Geweih ab, das dann größer wieder nachwächst. Während es wächst, ist es von einer stark durchbluteten Nährhaut umgeben. Wenn das Geweih ausgewachsen ist, trocknet die Haut aus und wird Bast genannt. Diesen Bast reiben („fegen") die Hirsche an Bäumen und Sträuchern ab. So ein Geweih kann beim Rothirsch bis zu 16 kg wiegen.

Ren oder **Karibu**
(Nördl. Eurasien und Nordamerika; 90 – 270 kg)
Dieses Rentier hat gerade sein Geweih „gefegt". Jetzt beginnt die Brunft- und Wanderzeit.

Die Hautfalte am Hals des Elchbullens sieht aus wie ein Bart. Man nennt sie Wamme oder Glocke.

Pflanzen als Nahrung

Hirsche und mit ihnen verwandte Arten sind Wiederkäuer. Sie fressen unterschiedliche Pflanzen wie Gräser, Triebe, Zweige, Rinde, Früchte und Pilze. Das Ren frißt vor allem Moose und Flechten.

Ein besonderer Hirsch: der Elch

Mit seinen langen Beinen, dem nach unten gebogenen Maul, dem Kopf mit einem gewaltigen Schaufelgeweih und einem relativ einzelgängerischen Leben unterscheidet sich der Elch von den anderen Hirschen: Mit 1,90 m Schulterhöhe ist er so groß wie ein Pferd. Er ernährt sich in den Seen und Sümpfen der Taiga von Wasserpflanzen, Weichhölzern, Ästen, Zweigen und Gräsern.

Die Rentiere, die in der Tundra weite Wanderungen unternehmen, sinken kaum in den Schnee ein, denn sie haben sehr breite Hufe.

Elch (Nördl. Eurasien und Nordamerika; 270–800 kg)
Der Elch ist ein guter Schwimmer. Er kann sogar im Wasser oder Sumpf stehend mit untergetauchtem Kopf fressen.

Und etwas weiter stand ein Reh am kühlen Wiesentau,
Die Augen voller Sternenlicht.

William Butler Yeats

In Wald und Feld: Auf offenen, grasbewachsenen Flächen in Waldnähe leben die großen Hirsche mit ihren mächtigen Geweihen. Nur vor Feinden suchen sie Schutz im Wald.

Kleine und große Arten

Die meisten Hirsche ähneln dem Rothirsch. Unterschiede gibt es in der Größe, der Färbung des Fells und dem Geweih.
Kleine Hirsche sind weniger gesellig: Rehe, Spießhirsche, Pudus, Muntjaks, Wasserrehe, Moschustiere und Hirschferkel führen ein verstecktes Leben. Sie sind oft Einzelgänger und gehen erst nachts oder in der Dämmerung im Dickicht auf Nahrungssuche. Weil sie schmal, klein und meist ohne Geweih sind – wie z. B. das Moschustier, das Wasserreh oder das Hirschferkel –, finden sie leicht Deckung im Dickicht.
Nur dem Reh, dem Spießhirsch und dem Pudu fehlen die hervorstehenden oberen Eckzähne, die als Waffe dienen können.

1 Virginia-Hirsch
(Amerika; bis 200 kg)
Ist auch in Wohngegenden anzutreffen
2 Muntjakhirsch
(Tropisches Asien;
10–35 kg)
Er ist für seine rauhen und lauten Schreie bekannt.
3 Moschustier
(Asien, 7–17 kg)
Kleiner Hirsch mit hauerartigen, nach unten stehenden Eckzähnen. Er besitzt eine Duftdrüse mit braunrotem Sekret. Daraus stellen die Chinesen seit Jahrtausenden Parfum her.

4 Afrikanisches Hirschferkel
(Afrika; ca. 11 kg)
Es gehört einer urtümlichen Familie zwischen Schweinen und Hirschen an.
5 Wasserhirsch
(China, Korea; ca. 12 kg)
Er lebt an grasigen Uferböschungen der Flüsse.
6 Schopfhirsch
(China; 40–50 kg)
Man kann ihn an den großen Tränengruben erkennen.
7 Pudu
(Anden; ca. 9 kg)
Dieser kleine Hirsch kann sich gut im niedrigen Unterholz verbergen.

Die Hirschkühe bilden zusammen mit den Kälbern eigene, von den Männchen unabhängige Herden.

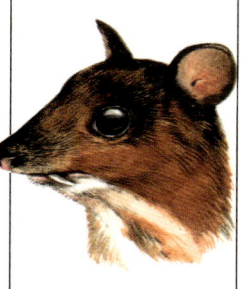

Kleinkautschil
(Südöstl. Asien; ca. 2 kg)
Er ist der kleinste Wiederkäuer.

Giraffen und Okapis

Ordnung: Paarhufer
Familie: Giraffen
2 Unterfamilien:
Steppengiraffen und
Waldgiraffen (Okapi)
2 Arten

Es gibt zwar nur eine Art der Steppengiraffen, aber mehrere Unterarten. Man erkennt sie an der unterschiedlichen Färbung und den verschieden geformten Flecken.

Giraffe
(Savanne; 600 – 1300 kg; bis 5,50 m)

Das „Periskop der Savanne"

Mit ihrem auf einem etwa 2,50 m langen Hals sitzenden Kopf entgeht der Giraffe nichts. Da sie hervorragende Augen hat, entdeckt sie schon von weitem ihren Hauptfeind, den Löwen, und flieht im Galopp, mit bis zu 50 km/h.

Der kleine Vetter: das Okapi

Das geheimnisvolle Okapi sieht aus wie eine Kreuzung zwischen Giraffe und Zebra. Wie die Giraffe besitzt das Okapi eine lange, schwarze Greifzunge und, das Männchen, kleine, mit Haut überwachsene Hörner auf dem Kopf. Die weißen Streifen auf den Beinen sind eine ausgezeichnete Tarnung im dichten Wald.

Okapi (Ostzaire; dichter Wald; 200–250 kg)

Da sie den Hals kaum beugen kann, muß die Giraffe mit weit gespreizten Beinen trinken.

Dank ihres reichlichen, sehr dickflüssigen Speichels und ihres harten Gaumens kann die Giraffe auch stachlige Pflanzen fressen.

Büffel, Wasserbüffel und Bisons

Ordnung: Paarhufer
Familie: Hornträger
Unterfamilie: Rinder
12 Arten

Hörner des Kaffernbüffels

Hörner des asiatischen Wasserbüffels

Wilde Rinder

Man vergißt leicht, daß die Hausrinder, die wir alle gut kennen, von Wildrindern abstammen.

Rinder sind wiederkäuende Pflanzenfresser mit massivem Körper und Kopf. Fast überall sind sie heimisch: Savanne, Prärie, Wald der gemäßigten und tropischen Breiten, Sumpf und Gebirge. Während die meisten Arten in kleineren Herden von 30–40 Tieren vorkommen, bilden manche Arten wie der Kaffernbüffel und der amerikanische Bison gewaltige Herden.

Drei Grundtypen

Die Rinder werden in drei Typen unter-

Kaffernbüffel (Afrika; 500–1 000 kg)

Da er sich die meiste Zeit im Wasser aufhält, nennt man den asiatischen Büffel auch Wasserbüffel.

teilt: 1. die Büffel mit stämmigem Körper und stark entwickelten Hörnern mit Ausnahme des Anoas und Tamaraus, kleinwüchsigen Arten; 2. die eigentlichen Rinder (Gaur, Banteng, Yak, Auerochse, Zebu und Hausrind) mit mittelgroßen Hörnern; 3. die Bisons, die nur kleine Hörner, aber einen sehr massigen Vorderkörper mit einem ausgeprägten Widerrist haben.

Afrikanische und asiatische Büffel

Es gibt nur eine afrikanische Büffelart, den Kaffernbüffel. Er ist von unterschiedlicher Größe und Färbung, je nachdem, ob er in der Savanne (groß, schwarzes Fell) oder im Wald lebt (kleiner, rötliche Färbung). Er hat massive Hörner, die in der Mitte des Schädels zu einer Art Helm verwachsen sind. Diese Art wurde nie gezähmt.

Während der asiatische Wasserbüffel in seiner gezähmten Form sehr weit verbreitet ist, findet man die Wildform mit sehr ausladenden Hörnern kaum noch reinrassig, außer in den Tierschutzgebieten Nordindiens.

Anoa
(Sulawesi; Moore; bis 300 kg)
Nahe mit dem Kaffernbüffel verwandt, aber nicht so massiv

Asiatischer Büffel
(Tropisches Asien; Sumpf; 600–800 kg)

Yak
(Tibet, Himalaja; bis 900 kg)

Das Yak, sehr gut an extreme Kälte und Höhe angepaßt, gibt es fast nur noch in seiner gezähmten Form. Die ursprüngliche Wildform, die noch in einigen abgelegenen Gegenden Tibets vorkommt, erkennt man an ihrer Größe, ihren langen Hörnern und dem einfarbigen dunklen Fell.

Banteng
(600–800 kg)
Während es in manchen Wäldern der Malaiischen Halbinsel, Borneos und Javas noch wild vorkommt, sieht man es in Südostasien vielfach als Hausrind.

Wilde und zahme Rinder

Das Yak, der Gaur und der Banteng sind Wildrinder, die den verschiedenen Arten von Hausrindern überall auf der Welt ziemlich ähneln. Manche asiatischen Hausrinder stammen vom Banteng ab. Doch die Mehrzahl der gezähmten Rinder geht auf den Auerochsen zurück, der im 17. Jahrhundert in Polen ausstarb.

Die Merkmale des Auerochsen: ausgeprägte Hörner und Brust. So sehen noch manche ursprüngliche, halbwild vorkommende Rinderarten aus, etwa das Korsische Rind, das Hochlandrind in Schottland und die spanischen Kampfstiere.

Watussirind (Afrika)
Viele Völker verehren ihre Rinder als heilig. Manchmal geht das auf die beeindruckende Größe der Hörner zurück.

Gaur
(Südl. Kontinentalasien; 700 – 1000 kg)
Das kräftigste aller Rinder

Die Büffel sind fort. Und die, die die Büffel gesehen, sind fort. Die Tausende der Büffel gesehen und wie sie das Gras zu Staub zermahlten mit ihren Hufen, die großen Schädel gebeugt, stampfend im Zwielicht. Ein großes Schauspiel!
Carl Sandburg

Amerikanische und europäische Bisons

Es gibt zwei Arten von Bisons: die eine kommt in Amerika vor, die andere in Europa. Beide wurden Ende des 19. Jahrhunderts praktisch ausgerottet. Der wuchtige und stark behaarte Kopf des amerikanischen Bisons läßt ihn mächtiger aussehen als jedes andere Rind. Am Ende des 19. Jahrhunderts gab es von den einst zu Millionen in der Prärie lebenden Tieren kaum noch 1 000. Sie waren zum Spaß und wegen ihrer Felle von weißen „Jägern" zu Tausenden abgeschlachtet worden.

Auerochse
oder **Ur** (1627 ausgestorben; Europa; bis 1 000 kg)
Stammform aller europäischen Hausrinder

Amerikanischer Bison
(Nordamerika; bis 1 t)

Heute hat sich der Bestand wieder etwas erholt: auf 35 000 – 40 000.
Der Wisent, der eher im Wald vorkommt, ist nicht so mächtig gebaut, erreicht aber ein ähnliches Gewicht wie der Bison (ca. 1 t). Da seit der Antike immer mehr Wälder abgeholzt wurden, wäre er um 1920 fast völlig ausgestorben. Im Nationalpark Bialowieska in Polen überlebte er. Heute gibt es über 2 000 Wisents (europäische Bisons) in einigen großen Urwäldern Polens, des Kaukasus und Zentralrußlands.

Wisent
(bis 1 t)
Eine wilde Herde im Bialowieska-Wald (Polen)

Das Wisentkalb wird bis zum Alter von einem Jahr gesäugt und ist mit 2 – 3 Jahren ausgewachsen.

Junger Wisent

Elenantilopen, Kudus, Nyalas, Nilgauantilopen

Ordnung: Paarhufer
Familie: Hornträger
3 Unterfamilien: Waldböcke, Nilgauantilopen, Gabelhorntiere
5 Gattungen, 12 Arten
Afrika, Indien, Nordamerika

Die Nilgauantilope und die Vierhornantilope sind die letzten Überlebenden einer sehr alten Gruppe, aus der sich die heutigen Hornträger entwickelten.

Nahe Verwandte der Rinder

Die kräftig gebauten, wiederkäuenden Elenantilopen, Kudus, Nyalas und Nilgauantilopen unterscheiden sich von den Rindern durch ihren etwas grazileren Körper und ihren längeren, schmaleren Kopf. Auch können sie nicht brüllen wie Rinder, und ihre Nahrung ist viel abwechslungsreicher. Sie fressen genauso gern Blätter und Blumen wie Früchte, Hülsenfrüchte, Knollen und Gräser.

Antilopen in Savanne und Wald

Die Arten, die in der Savanne vorkommen – Elenantilopen, Kudus, Nyalas und

Indien
1 Nilgauantilope
(Wald, bewaldete
Savanne; 120–250 kg)
2 Vierhornantilope
(Bewaldete Gebiete;
20 kg)

Afrika
Besitzen gedrehte
Hörner und ein Fell
mit weißen Streifen
3 Nyala, Männchen
4 Nyala, Weibchen
(Bewaldete Savanne,
Uferregionen;
80–140 kg)
5 Sitatunga
(Sumpf; 50–120 kg)

Das Sitatunga kann
seine langen, schmalen
Hufe weit spreizen.
Deshalb sinkt es nicht
im Schlamm der
Sümpfe, seinem
Lebensraum, ein.

6 Bongo
(Dichter Wald; 250 kg)
Der Bongo führt wie
alle im Wald lebenden
Hornträger ein verstecktes, einzelgängerisches Leben.

Anders als bei den übrigen Hornträgern fallen die Hörner der Gabelböcke jedes Jahr ab und wachsen wieder nach.

Nilgauantilopen –, haben einen kräftigen Vorderkörper und tragen den Kopf sehr hoch. So können sie ihre Umgebung gut im Auge behalten und bei Gefahr fliehen. Die im Wald oder Sumpf lebenden Arten dagegen – der Bongo, das Sitatunga und der Buschbock – sind hinten höher als vorne. Sie haben einen niedrigeren Widerrist und eine höhere Kruppe. Dadurch können sie sich in den dichtwachsenden Pflanzen leichter bewegen.

Gabelbock
(Nordamerika; Prärie;
47–70 kg)

Elenantilope
(Ost- und Südafrika;
Savanne;
400–600 kg)

Wo Männchen und Weibchen sehr unterschiedlich aussehen

Die Männchen sind größer, haben kräftigere Farben und tragen Hörner. Den Weibchen fehlen sie meist. Wenn Männchen und Weibchen derselben Art verschieden aussehen, nennt man das sexuellen Dimorphismus.

Die Elenantilopen leben in Herden von etwa 20 Tieren, zu denen nur ein einziges Männchen, aber mehrere Weibchen und Junge gehören.

Großer Kudu
Männchen und Weibchen
(Ost- und Südafrika; bewaldete Savanne; 120–230 kg)

Pferdeböcke, Kuhantilopen und Wasserböcke

Ordnung: Paarhufer
Familie: Hornträger
Unterfamilien: Pferdeböcke, Kuhantilopen, Riedböcke
12 Gattungen
24 Arten
Afrika, Arabien

Die Nomaden der Wüste
Die Weiße Oryx und die Mendesantilope besitzen ein sehr helles Fell. Es erwärmt sich in der Sonne nicht so stark wie ein dunkles, so daß es den Tieren nicht zu heiß wird. Die gespaltenen, schaufelförmigen Hufe verhindern, daß sie auf ihren langen Wanderungen im sandigen Boden einsinken. Langsam ziehen sie von einer mageren Weide zur nächsten.

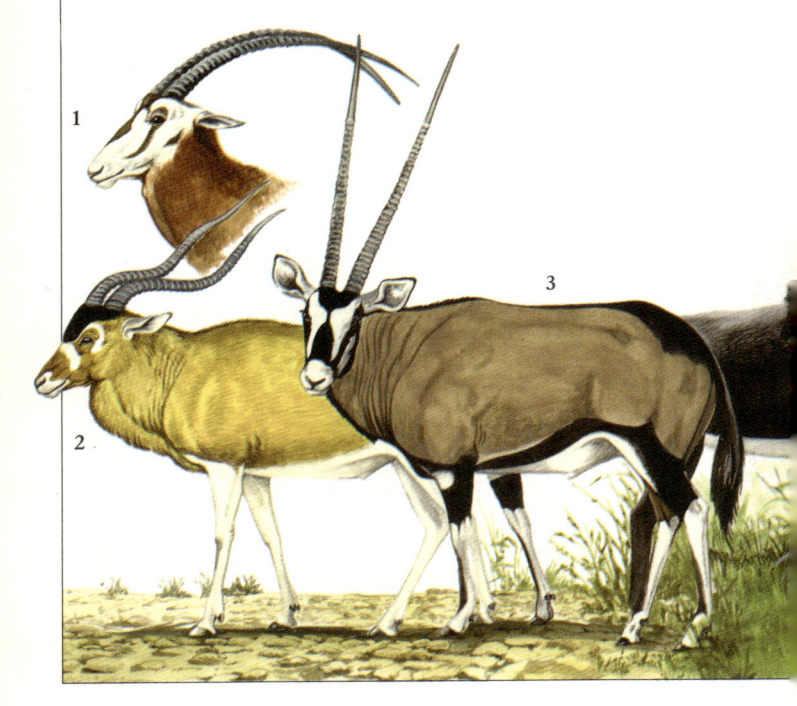

Andere Pferdeböcke wie die Rappenantilopen, die ein dunkleres Fell haben, leben in weniger heißen und trockenen Gebieten.

Trockengebiete
(Afrika und Mittlerer Osten)
1 Säbelantilope
(bis 200 kg)
2 Mendesantilope
(100 kg)
3 Rappenantilope
(150 – 200 kg)
4 Weiße Oryx
(35 – 70 kg)

Savanne
(Afrika)
5 Schwarze Rappenantilope
(200 – 300 kg)

Die Weiße Oryx kann lange Zeit ohne Wasser auskommen. Ihr genügt die Flüssigkeit, die sie mit den Pflanzen aufnimmt.

6 Kuhantilope und ihr Junges
(130 – 200 kg)
7 Südafrikanische Leierantilope
(60 – 170 kg)

Vorspiel zur Paarung: Die Rappenantilope stellt ein Bein vor und beschnüffelt das Weibchen.

Streifengnu
(Südl. und östl. Afrika;
Savanne; 140–290 kg)
In der Serengeti-Ebene
können Herden von
bis zu 100 000 Gnus
vorkommen.

Große Herden in der Savanne

Gnus sammeln sich in gewaltigen Herden auf der grasigen Savanne. Es gibt dort auch Kuhantilopen, Leierantilopen und Rappenantilopen. Doch leben diese meist in kleinen Herden. Manchmal wandern Gnus weite Strecken, um fruchtbare Weide zu finden. In Trockenzeiten kommen die Tiere zu den wenigen Wasserstellen, wo die

Weißschwanzgnu
(Südafrika; Savanne;
170 kg)

Krokodile auf sie lauern und viele Tiere erbeuten.

Sumpfantilopen

Wasserböcke und Riedböcke leben in Sumpfgebieten. Der Wasserbock watet durch die großen Nilsümpfe, wo er nach Wasserpflanzen sucht. Auch die Moorantilope und der Defassa-Wasserbock halten sich viel im und am Wasser auf. Ihr Fell bleibt immer trocken, denn sie scheiden am ganzen Körper eine ölige Flüssigkeit aus, die wasserabstoßend wirkt.

Kampf zweier männlicher Moorantilopen

Sümpfe, Savannen (Afrika)

1 Moorantilope (170 kg)
2 Riedbock (35–65 kg)
3 Litschi-Wasserbock (85–130 kg)
4 Defassa-Wasserbock (150–250 kg)

Gazellen, Antilopen und Ducker

Ordnung: Paarhufer
Familie: Hornträger
Unterfamilien: Gazellenartige, Ducker, Saigaartige
Afrika, Asien

Gazellen
(Afrika; freie Flächen)

1 Grant-Gazelle
(40–85 kg)
2 Dama-Gazelle
(40–85 kg)
3 Thomson-Gazelle
(15–30 kg)
4 Giraffengazelle
(30–50 kg)

Kleine Hornträger
Eine gerade, lange Schnauze, große Augen und Duftdrüsen, die neben den Augenhöhlen sitzen, kennzeichnen die kleinen Hornträger: Gazellen, Antilopen und Ducker.

Gazellen und Antilopen
Gazellen und bestimmte Antilopen, etwa die Hirschziegenantilope, die Impala und die Saigaartigen, haben einen grazilen Körper und sind sehr behende.

So kämpfen zwei Thomson-Gazellen um ein Weibchen: Die Köpfe sind tief zu Boden gesenkt und die Hörner ineinander verhakt.

In großen Herden leben sie auf weiten Graslandschaften. Sie wandern je nach Jahreszeit, um die besten Weidegründe zu erreichen.
Gazellen erkennt man daran, daß sie sich springend fortbewegen. Wenn sie erregt sind, vollführen sie erstaunliche Sprünge.

Waldantilopen
Sie sind klein und haben nur kurze Hörner. So kommen sie leichter durch dichtes Unterholz. Sie leben entweder einzeln oder als Paar zusammen.

Afrika:
1 Kleinstböckchen (2 – 3 kg)

2 Kirkdikdik (Trockenes Gestrüpp; 4 – 5 kg)
3 Zebraducker (9 – 16 kg)

Mongolische Saiga (Zentralasien; Steppe; 20–50 kg). Die Schnauze des Männchens bläht sich auf, wenn es brünstig ist.

Antilopen in offener Graslandschaft

Afrika:
4 Bleichböckchen (Savanne mit Gestrüpp; 9–20 kg)
5 Impala (45–80 kg)
6 Steinböckchen (14 kg)
7 Klippspringer (Felsen; 10–15 kg)
8 Springbock (25–40 kg) Wenn er von einem Raubtier angegriffen wird und in hohen Sprüngen flieht, folgt die ganze Herde.

Indien:
9 Hirschziegenantilope (25–45 kg)

Ziegen, Wildschafe und Moschusochsen

Ordnung: Paarhufer
Familie: Hornträger
Unterfamilie: Ziegenartige; 13 Gattungen, 22 Arten

Gute Bergsteiger

Ziegen sind Hornträger, die sich auch auf kargen Böden, wo nur wenige Pflanzen wachsen, ernähren können. Meist sind sie gesellig und leben gerne in Felslandschaften der gemäßigten und tropischen Regionen.

*Vor dem Abendhimmel gehen
längs der Felsen schärfsten Kanten
ein – (da bin ich schon gesehen!)
Bock und seine Geißtrabanten.*

Christian Morgenstern

Während des Winters stellen sich die Moschusochsen ganz eng zusammen, um sich besser gegen Kälte und Wölfe zu schützen.

Drei große Gruppen der Ziegenartigen

Mit kleinen Hörnern:
1 Gemse
(Europa; Prärien und Hochwälder; bis 50 kg)
2 Schneeziege
(Nordamerika; Gebirge; bis 140 kg)

3 Goral
(Himalaja, China; Gebirge, felsige Gebiete; 22–42 kg)

Mit großen Hörnern:
4 Tahr
(Indien, Nepal, Oman; trockene Gebirge; bis 105 kg)

Riesen:
5 Moschusochse
(Kanada, Grönland; Tundra; 160–650 kg)
6 Takin
(Himalaja; Bambuswälder, Gebirge; 350 kg)

Steinböcke sind geschickte Kletterer und können sich an Felshängen auf schmalen Graten bewegen.

Kampf zwischen männlichen Steinböcken um ein Weibchen. Auf ihre Hinterbeine abgestützt, schlagen sie ihre Hörner mit donnerndem Krachen gegeneinander.

Ziegenartige mit großen Hörnern

Ziegen und Wildschafe gehören zur Gruppe der Ziegenartigen mit großen Hörnern. Die Ziegen unterscheiden sich von den Wildschafen durch ihren Bart, ihren langen Schwanz und ihre großen Hörner, die wie lange, gekrümmte Säbel geformt sind (mit Ausnahme der Schraubenziege), während die Hörner der Wildschafe eher eingerollt sind. Ziegen halten sich in der Nähe von Felswänden auf. Bei Gefahr flüchten sie dorthin. Da Wildschafe nicht so gut klettern, suchen sie ihr Heil in der schnellen Flucht.

Ziegen

1 Alpensteinbock (30 – 120 kg)
2 Steinbockweibchen und ihr **Junges**

3 Schraubenziege (Himalaja; Steilhänge; 30 – 110 kg)

Wildschafe

4 Kanadischer Mufflon oder **Bighorn**
(Nordamerika; Gebirge; 55–140 kg)

5 Mufflon
(Europa, Kleinasien, Iran; Gebirge; 20–55 kg)

6 Altai-Wildschaf
(Asien; Steppen, Gebirge; bis 180 kg)

7 Mähnenspringer
(Nordafrika; trockene Gebirge; bis 120 kg)

Verzeichnis der beschriebenen Tiere

Abdimstorch 64, 65 – **Adler** 18, 77, 80, 81, 82, 83, 84 – „Echte" 82 – Gurney- 82 – **Affe** 9, 14, 80, 140, 148, 151, 152, 153, 158, 163, 165 – **Affenadler** 80 – **Agame** 18, 40 – **Ai** 171 – **Albatros** 54, 55 – **Alexandersittich** 115 – **Alk** 110, 111 – **Alligator** 22, 34, 36 – China- 37 – Mississippi- 36 – **Alligatorschildkröte** 31 – **Alpaka** 246, 247 – **Alpenkrähe** 26 – **Alpenschneehuhn** 90 – **Alpensegler** 26, 122 – **Alpensteinbock** 276 – **Amazilie**, Weißbauch- 122 – **Amazone** 115 – **Ameisenbär** 138, 170, 173, 218 – Großer 170, 171, 172 – **Ameisenigel** 138 – **Ameisenstelze** 129 – **Amsel** 128, 131, 132 – **Anakonda** 14, 43, 44, 45 – **Ani** 116 – Groß- 116 – **Anoa** 257 – **Antilope** 202, 264, 270, 273 – Oryx- 20 – **Anubispavian** 156 – **Apella** 155 – **Ara** 115 – **Arakakadu** 114 – **Auerhahn** 91 – **Auerochse** 257, 258, 260 – **Austernfischer** 107 – **Axishirsch** 249

Bambusbär 191 – **Bandrobbe** 215 – **Bankivahuhn** 95 – **Banteng** 257, 258 – **Bär** 184, 192, 193, 194, 195 – **Bartenwal** 180, 181, 182 – **Bartgeier** 26, 78, 86 – **Bartmeise** 133 – **Bartrobbe** 215 – **Basilisk** 41 – **Baßtölpel** 56 – **Baumkänguruh** 141 – **Baummarder** 24, 189 – **Baumpython**, Grüne 44 – **Baumschliefer** 219 – **Baumsegler** 122 – **Bekas-** sine 47, 107 – **Beluga** 182 – **Bengalkatze** 212 – **Beo** 130 – **Bergguam** 88, 89 – **Berglöwe** 211 – **Bergtapir** 231 – **Bergzebra**, Hartmann- 227 – **Beutelmaus** 143 – **Beutelratte** 140 – **Beutelteufel** 143 – **Biber** 174, 175, 184, 185 – **Bienenesser** 124 – **Bighorn** 277 – **Bilrongecko** 40 – **Binsenhuhn** 98 – Afrikanisches 98 – **Binturong** 198 – **Birkhuhn** 91 – **Bison** 256, 257, 260, 261 – **Blatthühnchen** 107 – **Blaukehlchen** 133 – **Blaumaulmeerkatze** 159 – **Blaumeise** 135 – **Blauracke** 124 – **Blaureiher** 22, 63 – **Blaustirnamazone** 115 – **Blauwal** 181, 182 – **Bleichböckchen** 273 – **Bleßhuhn** 98, 99 – **Blindschleiche** 39 – **Boa** 42, 43, 44, 45 – **Bongo** 263, 264 – **Brachvogel**, Großer 106 – **Brandgans** 71 – **Brandseeschwalbe** 109 – **Braunbär** 24, 192, 193 – **Brauntölpel** 56 – **Brazzameerkatze** 159 – **Breitmaulnashorn** 232, 233, 234, 235 – **Breitrachen** 129 – **Breitschnauzenkaiman** 36, 37 – **Brillenbär** 195 – **Brillenente** 73 – **Brillenkaiman** 37 – **Brillenlangur** 162 – **Brückenechse** 30, 31 – **Brüllaffe** 152, 155 – Schwarzer 155 – **Buchfink** 24 – **Buckelwal** 181 – **Büffel** 256, 257, 260 – Afrikanischer 257 – Asiatischer 257 – **Buntspecht** 127 – **Buschbock** 264 – **Buschhuhn** 89 – **Buschschwein** 237, 238 – **Buschwaldgalago** 150 – **Bussard** 80, 81, 84, 86, 87

Capybara 174, 176 – **Chamäleon** 31, 38, 41 – Dreihorn- 40 – Kurzhorn- 41 – Zweistreifen- 41 – **Chinchilla** 179

Dachs 184, 186 – Europäischer 186 – **Damhirsch** 249 – **Delphin** 180, 181, 183 – Commerson- 183 – Ganges- 183 – **Desman** 145 – **Diademsifaka** 150 – **Dingo** 205 – **Doppelhornvogel** 125 – **Dorngrasmücke** 133 – **Dornschwanz** 20, 40 – **Dosenschildkröte** 33 – **Dreiecksnatter** 45 – **Dreifarbenreiher** 63 – **Dreifingerfaultier** 171 – **Dreizehenmöwe** 108 – **Dromedar** 20, 244, 245, 246 – **Drossel** 132 – **Dscheláda** 158 – **Ducker** 270 – **Dugong** 219, 224, 225

Edelpapagei 115 – **Eichelhäher** 24, 130 – **Eichhörnchen** 24, 153, 174, 178, 184, 189 – Rotes 177 – **Eidechse** 30, 38, 39, 42 – Leguan- 38 – **Eiderente** 73, 74 – **Eisbär** 28, 195 – **Eisfuchs** 200 – **Eissturmvogel** 55 – **Eistaucher** 28, 51 – **Eisvogel** 16, 22, 125 – **Elch** 201, 250, 251 – **Elefant** 6, 18, 181, 219, 220, 221, 223 – Asiatischer 220, 221, 223 – Indischer 220, 221, 223 – **Elenantilope** 262, 264, 265 – **Elfenkauz** 118 – **Elster** 128 – **Emu** 48, 49 – **Ente** 47, 70, 71, 72, 74, 138 – **Entenpapagei** 115 – **Entenwal** 182 – **Erdferkel** 218 – **Erdhörnchen** 178 – **Erdkuckuck** 117 – **Erdwolf** 196, 197 – **Esel** 229 – **Eselspinguin** 53 – **Eule** 118, 119, 120 – **Eulenschwalm** 121

Fächertaube 113 – **Falke** 84, 85, 86 – **Falkenraubmöwe** 24 – **Fasan**, Wallichi- 94 – **Faultier** 170, 171, 172 – **Faulvogel** 126 – **Feenseeschwalbe** 109 – **Feldhase** 216 – **Feldhuhn** 94 – **Feldsperling** 135 – **Feldspint** 18 – **Feldspitzmaus** 145 – **Feldweihe** 86 – **Felsenhahn**, Roter 129 – **Felsenpython** 18 – **Felshüpfer**, Kamerun- 129 – **Felskänguruh** 141 – **Felstaube** 112 – **Fennek** 12, 20, 205 – **Fettschwalm** 120, 121 – **Fichtenkreuzschnabel** 135 – **Fingertier** 148, 151 – **Fink** 47 – **Fischadler** 80, 82, 87 – **Fischkatze** 11 – **Fischotter** 185 – **Flachlandtapir** 230 – **Flamingo** 47, 64, 67, 68 – **Flammenkopfbartvogel** 126 – **Fleckenhalsotter** 184 – **Fleckenlinsang** 198 – **Fleckenschwanzbeutelmarder** 143 – **Fledermaus** 146, 147 – **Fledermaus** 121, 146, 147 –

278

Fliegenschnäpper 129 – **Flugbeutler** 12 – Flughörnchen 12, 177 – **Flughuhn** 20, 112, 113 – **Flughund** 146, 147 – Großer 146 – **Flußdelphin** 183 – **Flußpferd** 137, 240, 241, 242, 243 – Frankolin 93 – Fregattvogel 56 – **Fuchs** 200 – Fuchs 8, 12, 24, 200, 202, 204, 205 – **Fuchskusu** 143 – **Furchenwal** 181

Gabelbock 264 – **Gabelhorntier** 262 – **Gans** 70, 71, 72 – Gänsegeier 76, 86 – Gaukler 82 – **Gaur** 257, 258, 259 – Gavial 34 – Ganges- 36, 37 – **Gazelle** 202, 207, 270, 271 – Dama- 270 – Dorcas- 20 – Grant- 270 – Thomson- 270, 271 – **Gecko** 40 – **Geier** 13, 18, 66, 76, 77, 79, 80, 84 – Altwelt- 76, 77 – Neuwelt- 76, 77 – **Gelbaugenpinguin** 52 – **Gelbhaubenkakadu** 114 – **Gelbkopfbüscheläffchen** 153 – **Gemse** 275 – **Gepard** 18, 206, 207, 208, 209 – **Gerfalke** 28 – **Gestreifter Mausvogel** 123 – **Gibbon** 16, 164, 165 – **Ginsterkatze** 198, 199 – Europäische 198 – Kleinfleck- 199 – **Giraffe** 18, 245, 254, 255 – **Giraffengazelle** 270 – **Glanzfasan** 26, 95 – **Glanzstar** 130 – **Glattdelphin**, Südlicher 183 – **Glattstirnkaiman** 37 – **Glattwal** 181, 182 – **Gleitaar** 22 – **Glockenreiher** 60 – Gnu 78, 196, 201, 268 – **Goelditamarin** 153 – **Goldfasan** 95 – **Goldmaus** 179 – **Goldregenpfeifer** 28, 106 – **Goldschlange** 45 – **Goldschopfpinguin** 53 – **Goral** 275 – **Gorilla** 164, 167 – **Gouldamadine** 135 – **Grasanoli** 40 – **Graufischer** 125 – **Graufuchs** 200, 204 – **Graugans** 71 – Grauhörnchen 177 – **Graureiher** 60, 61 – Amerikanischer 22, 63 – **Grauwal** 181 – **Greifstachler** 177 – **Grindwal** 183 – **Grizzly** 193 – **Großflughuhn** 88, 89 – **Großgrison** 188 – **Großtrappe** 104 – **Grünfink** 135 – **Grünflügelara** 115 – **Grünreiher** 22, 63 – **Grünspecht** 127 – **Gryllteiste** 110 – **Guanaco** 244, 246, 247 – **Guerza**, Abessinische 163 – Nördlicher 161 – **Gürtelmull** 172 – **Gürteltier** 170, 172, 173, 218

Habicht 84, 85, 86, 87 – **Habichtadler** 81 – **Hafenschweinswal** 183 – **Häher** 128 – **Häherling** 26 – **Halbmaki** 148 – **Halsbandpekari** 14, 239 – **Halsbandschnäpper** 24 – **Halsbandtrogon** 123 – **Hammerkopf** 69 – **Hamster** 179 – **Harpyie** 82 – **Hase** 184, 216, 238 – **Haselmaus** 179 – **Hasenkänguruh** 141 – **Haubenadler** 80, 82 – **Haubenlerche** 133 – **Haubentaucher** 50, 51 – **Hausente** 74 – **Haushuhn** 95 – **Haushund** 200 – **Hauskatze** 206, 213 – **Hausmaus** 179 – **Hausperlhuhn** 96 – **Hauspferd** 228 – **Hausrind** 256, 257, 258, 260 – **Hausschwein** 237 – **Haustruthuhn** 96 – **Helmbasilisk** 14 – **Helmhokko** 88, 89 – **Helmkasuar** 49 – **Hermelin** 188, 189 – **Heuschrecke** 104 – **Hirsch** 137, 201, 248, 250, 251, 252, 253 – Virginia- 253 – **Hirscheber** 238 – **Hirschferkel** 248, 252 – Afrikanisches 253 – **Hirschziegenantilope** 270, 273 – **Hoazin** 116, 117 – **Hochlandrind** 258 – **Höckerschwan** 71 – **Hokko** 14, 88, 89 – **Hokkohuhn** 89 – **Honiganzeiger** 126 – **Honigdachs** 126, 186 – **Hörnchen** 177 – **Hornträger** 256, 262, 264, 266, 270, 274 – **Hornviper** 20 – **Hufeisennase** 146 – **Hulman** 162, 163 – **Humboldtpinguin** 52 –

Hund 8, 200, 201 – **Hundsaffe** 156, 157 – **Hundsrobbe** 215 – **Husarenaffe** 156, 159 – **Hyäne** 196, 197, 208 – **Hyazinthara** 115

Ibis 64, 67 – Heiliger 67 – Japanischer 67 – Roter 67 – **Ichneumon** 199 – **Igel** 145 – **Iltis** 187, 188 – Europäischer 188 – **Impala** 270, 273 – **Indiennimmersatt** 66 – **Indri** 148, 150 – **Insektenesser** 144, 145, 150

Jabiru 66 – **Jaguar** 14, 208, 209, 231, 239 – **Jungfernkranich** 103

Kaffernbüffel 18, 256, 257 – **Kagu** 98, 99 – **Kaiman** 14, 35, 44 – **Kaiseradler** 82, 86 – **Kaiserpinguin** 53 – **Kaisertamarin** 153 – **Kakadu** 114 – **Kakapo** 115 – **Kamel** 137, 244, 246, 247 – Zweihöckriges 244 – **Kammhuhn** 94 – **Kammratte** 179 – **Kampfadler** 82 – **Kampffuchs**, Brasilianischer 200 – **Kampfläufer** 106 – **Kampfstier** 258 – **Kanadagans** 71 – **Känguruh** 140, 141, 176 – **Kaninchen** 188, 216, 217 – **Kapgoldmull** 145 – **Kapuziner**, Brauner 155 – **Kapuzineräffchen** 152, 155 – **Kardinal**, Roter 135 – **Karibu** 250 – **Kasarka** 71 – **Kasuar** 48 – **Katta** 148, 150 – **Katze** 8, 199, 206, 207, 209, 212 – Wied- 212 – **Katzenbär** 190, 192 – **Katzenfrett** 190 – **Katzenmaki** 148, 151 – Gabelstreifiger 151 – **Kauz** 118 – **Kegelrobbe** 215 – **Kernbeißer** 135 – **Keulenhornvogel** 125 – **Kiebitz** 106 – **Kirkdikdik** 272 – **Kiwi** 48, 49 – **Klammeraffe** 152, 155 – Schwarzer 155 – **Klapperschlange** 42 – **Klappmützenrobbe** 215 – **Kleiber** 24, 134 – **Kleinfleckkatze** 212 – **Kleinkatzen** 206 – **Kleinkautschil** 253 – **Kleinkrallenotter** 184 – **Kleinstböckchen** 272 – **Klippschliefer** 20, 219 – Sahara- 219 – **Klippspringer** 273 – **Knäkente** 72 – **Koalabär** 143 – **Koboldmaki** 150, 151 – Celebes- 150 – **Kobra** 42 – **Kodiakbär** 193 – **Kojote** 200, 202 – **Kolbenente** 72 – **Kolibri** 14, 47, 122 – **Kolkrabe** 130 – **Komodowaran** 38 – **Kondor** 77 – Anden- 77 – Kalifornischer 77 – **Königsfasan** 94 – **Königsgeier** 76 – **Königspinguin** 52, 53 – **Kookaburra** 125 – **Korallenschlange** 45 – Falsche 45 – **Koritrappe** 104 – **Kormoran** 47, 56, 58 –

279

Afrikanischer 58 – Großer 58 – **Kotinga** 129 – **Krabbenesser** 215 – **Krabbentaucher** 110 – **Krabbenwaschbär** 191 – **Kragenbär** 193, 194 – **Kragenechse** 40 – **Kragenhuhn** 90 – **Kragenkopf** 131 – **Kragentaube** 113 – **Kragentrappe** 20, 104 – **Krallenäffchen** 155 – **Krallenaffe** 14, 152, 153 – **Kranich** 62, 100, 101, 102, 103 – Kanadischer 103 – Mandschuren- 101 – Sarus- 102, 103 – **Krickente** 72, 74 – **Krokodil** 30, 34, 35, 36, 37, 61, 242, 268 – Australien- 36, 37 – Orinoko- 37 – **Kronenadler** 81 – **Kronenkranich** 100, 102 – **Krustenechse**, Gila- 40 – **Kuckuck** 24, 47, 116, 117 – **Kudu** 262, 264 – Großer 265 – **Kugelgürteltier** 173 – **Kuhantilope** 266, 267, 268 – **Kuhreiher** 233 – **Kurzohrfuchs** 200 – **Kurzschnabeligel** 138 – **Kuskus** 143 – **Küstenseeschwalbe** 28

Lachender Hans 125 – **Lachmöwe** 109 – **Lama** 244, 246, 247 – **Landleguan** 39 – **Landschildkröte** 20, 32, 33 – **Langohr**, Braunes 146 – **Langschnabeligel**, Bruijn- 138 – **Langschwanzschuppentier** 173 – Roter 162 – **Lanzenotter** 44 – Schlegelsche 44 – **Lappentaucher** 50, 51 – **Lar** 164 – **Lärmvogel**, Brauner 116 – **Larvenroller** 198 – **Larvensifaka** 148, 150 – **Laubenvogel** 131 – **Lederschildkröte** 32 – **Leguan** 38 – Grüner 39 – **Leierantilope** 268 – Südafrikanische 267 – **Leierschwanz** 131 – **Leistenkrokodil** 36 – **Lemming** 28, 179 – **Lemur** 9, 148, 150, 151 – **Leopard** 8, 18, 157, 208, 209, 243 – **Leopardgecko** 40 – **Limikole** 106 – **Lippenbär** 194 – **Lisztäffchen** 14, 153 – **Löffelente** 72, 74 – **Löffelhund** 200, 202, 205 – **Löffler** 22, 64, 67 – **Lori** 115, 148, 150, 151 – **Löwe** 8, 13, 18, 157, 196, 206, 207, 208, 227, 241, 243, 254 – **Löwenäffchen** 153 – **Luchs** 186, 211, 213 – **Lumme** 110

Madenhacker 131 – **Mähnengans** 22 – **Mähnenrobbe** 215 – **Mähnenspringer** 277 – **Mähnenwolf** 172, 200 – **Maikong** 200 – **Makake** 156, 158, 159 – **Maki** 151 – Brauner 148 – **Makibär** 190 – **Malaienbär** 193 – **Mamba**, Grüne 43, 44 – **Manati** 224, 225 – Nagel- 224 – **Mandarinente** 72 – **Mandrill** 158 – **Mangabe** 158, 159 – **Mangabey**, Schwarze 159 – **Manguste** 199 – **Mantelbrüllaffe** 155 – **Mantelpavian** 158 – **Mara** 176 – **Marabu** 18, 66 – Afrika- 66 – **Marder** 184, 185, 187, 188, 189 – **Marderhund** 200, 202 – **Marmorkatze** 212 – **Maskentölpel** 56 – **Maskenweber** 134 – **Matamata** 33 – **Mauergecko** 40 – **Mauerläufer** 134 – **Mauerschwalbe** 47 – **Mauersegler** 122 – **Maulwurf** 145 – **Maus** 45, 174, 189, 238 – **Mäusebussard** 86, 87 – **Mausmaki** 151 – **Mausvogel** 123 – Rotzügel- 123 – **Meerechse** 39 – **Meerente** 73 – **Meereskrokodil** 34, 37 – **Meeresschildkröte**, Grüne 32 – **Meergans** 72 – **Meerkatze** 152, 156, 158, 159 – Grüne 18, 156, 159 – **Meerschweinchen** 219 – **Meise** 128 – **Mendesantilope** 20, 266, 267 – **Menschenaffe** 167 – **Milan** 86 – **Mittelsäger** 72 – **Mohrenmaki** 148 – **Mönchsgeier** 79 – **Mönchsrobbe** 215 – **Mittelmeer-** 215 – **Mongolikusfasan** 95 – **Moorantilope** 268 – **Moschusochse** 28, 274, 275 – **Moschustier** 26, 252, 253 – **Motmot** 124 – **Mufflon** 277 – Kanadisches 277 – **Mungo** 18, 198, 199 –

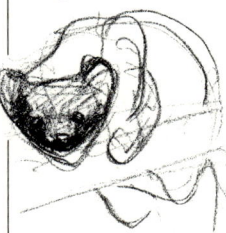

Muntjak 252 – **Muntjakhirsch** 253 – **Murmeltier** 26, 174, 178

Nachtaffe 155 – **Nachtigall** 132 – **Nachtreiher** 61 – **Nachtschwalbe** 47, 120 – **Nacktmull** 20, 179 – **Nacktnasenwombat** 143 – **Nacktschnecken** 139 – **Nandu** 48, 49 – **Narwal** 182 – **Nasenaffe** 160, 161, 163 – **Nasenbär** 190, 191 – **Nasenbeutler** 143 – **Nashorn** 137, 232, 233, 234, 235 – Java- 235 – Sumatra- 16, 232, 235 – **Nashornvogel** 16, 31, 124 – **Natter** 31, 43 – **Nebelparder** 16 – **Nektarvogel** 129 – **Nerz** 187, 188, 189 – Amerikanischer 187 – Europäischer 187 – **Neunbindengürteltier** 172 – **Nilgans** 71 – **Nilgauantilope** 262, 263, 264 – **Nilkrokodil** 35, 36, 37 – **Nimmersatt** 22 – Afrika- 66 – **Nonnenköpfchen** 115 – **Nordkaper** 181 – **Nutria** 175 – **Nyala** 262, 263, 264

Ohrenrobbe 214 – **Ohrentaucher** 51 – **Okapi** 254, 255 – **Opossum** 140 – Amerikanisches 140 – **Orang-Utan** 16, 166 – **Orca** 183 – **Oryx**, Weiße 266, 267 – **Otter** 184, 185 – **Otterspitzmaus** 145 – Große 144 – **Ozelot** 8, 212

Palmgeier 79 – **Panama-Klammeraffe** 155 – **Panda**, Großer 192 – Kleiner 191 – **Panther**, Schwarzer 208 – **Panzerechse** 30 – **Panzernashorn** 232, 234, 235 – **Papageitaucher** 110, 111 – **Paradieskranich** 103 – **Paradiesschnäpper** 129 – **Paradiesvogel**, Blauköpfiger 131 – Großer 131 – **Pavian** 18, 156, 157, 158 – **Pekari** 236, 239 – **Pelikan** 47, 56 – Brauner 56 – **Perlhuhn** 18, 96, 97 – Geier- 97 – Gemeines 96 – Hauben- 97 – **Perlsteißhuhn** 49 – **Pfau** 94, 97 – Blauer 95 – Kongo- 18, 97 – **Pfauentruthuhn** 96 – **Pfaufasan** 95 – **Pfeifente** 72 – **Pfeifgans** 71 – **Pfeifhase** 216, 217 – **Pferd** 137, 226, 227, 228, 229, 251 – Camargue- 228 – **Pferde-**

bock 266, 267 – **Pferdespringer** 179 – **Pica** 217 – **Pirol** 130 – **Pitta** 129 – **Plattschwanz**, Gewöhnlicher 43 – **Plumplori** 150 – **Polarbär** 195 – **Polarfuchs** 12, 28, 204 – **Pony**, Exmoor- 228 – Fjord- 228 – **Poto** 190, 191 – **Pottwal** 181, 182 – **Prachttaucher** 51 – **Präriehuhn** 90 – **Präriehund** 178 – **Przewalski-Pferd** 228 – **Pudu** 252, 253 – **Puma** 211, 213, 231 – **Purpurreiher** 63 – **Pyrenäendesman** 144 – **Python** 42, 43

Quetzal 123

Rabe 79, 110, 128 – **Racke** 18 – **Ralle** 98 – **Rallenkranich** 22, 104 – **Rappenantilope** 267, 268 – Schwarze 267 – **Ratte** 174, 179, 189 – **Raubmöwe** 108, 109 – **Raubseeschwalbe** 109 – **Rauchschwalbe** 133 – **Rauhfußkauz** 119 – **Rauhzahndelphin** 183 – **Rebhuhn** 92, 93, 94 – **Regenbogentukan** 127 – **Regenpfeifer**, Bengalischer 104 – **Reh** 248, 249, 252 – **Reiher** 47, 60, 61, 62, 69 – **Ren** 28, 184, 250, 251 – **Rennkuckuck** 116 – **Rennvogel** 107 – Gewöhnlicher 20 – **Rhesusaffe** 159 – **Riedbock** 266, 268 – **Riesenflugbeutler** 143 – **Riesengürteltier** 172 – **Riesenhörnchen**, Indomalaiisches 16 – **Riesenkänguruh**, Rotes 141 – **Riesennager** 174 – **Riesenotter** 14, 185 – **Riesenschildkröte**, Galapagos- 33 – Seychellen- 33 – **Riesenseeadler** 82, 83 – **Riesensturmvogel** 54 – **Riesentukan** 127 – **Riesenturako** 117 – **Riesenwaldschwein** 239 – **Rind**, Korsisches 258 – **Ringelrobbe** 215 – **Ringeltaube** 112 – **Ringtail** 143 – **Robbe**, Ross- 215 – Weddell- 215 – **Rohrdommel** 63 – Nordamerikanische 63 – **Rohrweihe** 87 – **Rosakakadu** 114 – **Rosalöffler** 68 – **Rosapelikan** 56, 58, 59 – **Rosenseeschwalbe** 109 – **Rotdrossel** 133 – **Rötelmaus** 179 – **Rotfuchs** 204 – **Rotfußtölpel** 56 – **Rotgesichtsmakake** 157 – **Rothalskolibri** 122 – **Rothalstaucher** 51 – **Rothirsch** 24, 249, 250, 252 – **Rothund** 200, 203 – Java- 202, 203 – **Rotkopfstelze** 129 – **Rotkopfwürger** 133 – **Rotmilan** 86 – **Rotsatyrhuhn** 26 – **Rubinkolibri** 122 – **Ruderente** 73 – **Ruderfüßer** 56 – **Rundkopfdelphin** 183 – **Rüsselrobbe** 215

Säbelantilope 267 – **Säbelschnäbler** 107 – **Säger** 73 – **Sägeracke**, Motmot- 14 – **Saiga**, Mongolische 273 – **Sandkatze** 213 – **Sattelrobbe** 215 – **Sattelstorch**, Afrika- 66 – **Satyrhuhn** 94 – Rot- 95 – Temminck- 95 – **Schabrackenhyäne** 196 – **Schabrackenschakal** 202 – **Schabrackentapir** 16, 230 – **Schakal** 8, 13, 18, 200, 202, 205 – **Schakuhuhn** 88, 89 – **Schakutinga** 89 – **Scheckente** 28 – **Scheidenschnabel**, Weißgesicht- 107 – **Schellente** 73 – **Scherenschnabel** 108, 109 – **Schildturako**, Hauben- 117 – **Schilfrohrsänger** 133 – **Schimpanse** 167, 168 – **Schlange** 30, 38, 39, 42, 43, 44, 45, 86, 199 – **Schlangenadler** 80, 82, 86, 87 – **Schlangenhalsschildkröte**, Blattrückige 33 – **Schlangenhalsvogel** 22, 56, 58 – **Schlankaffe** 160, 163 – **Schlanklori** 150 – **Schleiereule** 118, 119 – **Schlitzrüßler** 144 – **Schmarotzerraubmöwe** 109 – **Schmutzgeier** 20, 78, 79 – **Schnabeltier** 138, 139 – **Schnabelwal**, Cuvier- 182 – **Schnee-Eule** 28, 119 – **Schneeammer** 28, 135 – **Schneehase** 28, 216 – **Schneehuhn** 28, 90 – **Schneeleopard** 26 – **Schneeziege** 275 – **Schnurrvogel** 129 – **Schopfhirsch** 253 – **Schopfhuhn** 117 – **Schopfibis** 66 – **Schopflund** 111 – **Schopfwachtel** 92 – **Schraubenziege**, Kalifornische 92 – **Schraubenziege** 26, 276 – **Schreikranich** 103 – **Schreiseeadler** 81 – **Schuhschnabel** 22, 69 – **Schuppentier** 170, 173 – Riesen- 173 – **Schwalm** 120 – **Schwan** 70, 71, 72 – **Schwarmvogel** 123 – **Schwarzbär** 193 – **Schwarzhalsschwan** 71 – **Schwarzhalstaucher** 51 – **Schwarzkopfibis** 67 – **Schwarzkopfmöwe** 109 – **Schwarzspecht** 24, 127 – **Schwarzstorch** 64, 65 – **Schweifaffe** 155 – **Schweine**, Altweltliche 238, 239 – **Schweinswal** 183 – **Schwertwal** 28, 183 – **See-Elefant** 215 – **Seeadler** 22, 81, 82, 86 – **Seebär** 215 – Südamerikanischer 215 – **Seehund** 28, 214, 215 – **Seekuh** 214, 219, 224, 225 – **Seeleopard** 215 – **Seelöwe** 215 – Kalifornischer 215 – Stellerscher 215 – **Seemöwe** 108, 110 – **Seeotter** 184, 185 – **Seeschlange** 43 – **Seeschwalbe** 47, 108, 109 – **Seetaucher** 50, 51 – **Segler** 122 – **Seidenbandparadiesvogel** 131 – **Seidenreiher** 63 – **Seidenschwanz** 133 – **Senegal-Spornkuckuck** 116 – **Seriema** 104 – **Serval** 8, 213 – **Shukasteinhuhn** 93 – **Siamang** 16, 164, 165 – **Siebenschläfer** 179 – **Silberäffchen** 153 – **Silberdachs** 186 – **Silbermöwe** 108 – **Silberreiher** 22, 61 – **Singschwan** 71 – **Sitatunga** 263, 264 – **Skarabäus** 20 – **Skink** 30, 31 – **Skorpion** 20 – **Skunk** 187 – **Smaragdeidechse** 38 – **Sonnenralle** 14, 98, 99 – **Sonnensittich** 115 – **Spaltfußgans** 70 – **Spatz** 47, 128 – **Specht** 47, 114, 126, 127 – **Speikobra**, Afrikanische 42 – **Sperber** 24, 84, 86 – **Sperbergeier** 78 – **Spießente** 72, 74 – **Spießflughuhn** 113 – **Spießhirsch** 252 – **Spinnenaffe** 152, 155 – **Spint** 124 – **Spitzhaubenturako** 117 – **Spitzhörnchen** 150 – **Spitzmaulnashorn** 232, 233, 234 – **Spitzmausmaulwurf** 145 – **Spitznatter** 45 – **Sporengans** 73 – **Spornkiebitz** 107 – **Spornkuckuck** 116 – **Springaffe** 155 – Grauer 152 – **Springbock** 273 – **Springhase** 176 – **Springmaus** 179 – **Stachelschwein** 174, 177 – Gewöhnliches 177 – **Staffelschwanz** 129 – **Star** 128, 130 – **Steinbock** 276 – **Steinböckchen** 273 – **Steinhuhn** 93 – **Steinkauz** 119 –

Steinmarder 188, 189 – Steinschildkröte 33 – Steinschmätzer 133 – Steißhühner 48, 49 – Stelzenläufer 107 – Steppenfuchs 200 – Steppengiraffe 254 – Steppenschuppentier 173 – Sterntaucher 51 – Stinktier 187, 188, 189 – Stirnvogel 135 – Stockente 72, 74 – Storch 64, 65, 66, 69 – Strauß 48, 49 – Straußwachtel 92, 93 – Streifengnu 268 – Streifenhörnchen 178 – Streifenhyäne 197 – Streifenskink 40 – Streifenziesel 178 – Stummelaffe 160, 161, 163 – Roter 161 – Stumpfkrokodil 37 – Stumpfnasenaffe 162, 163 – Sturmschwalbe 55 – Sturmtaucher, Schwarzschnabel- 55 – Sturmvogel 54, 55 – Kleiner 55 – Sturzbachente 74 – Sultanshuhn 99 – Sumpfantilope 268 – Sumpfbiber 175 – Sumpfkrokodil 36 – Sumpfschnepfe 106 – Suppenschildkröte 32 – Süßwasserschildkröte 33

Tafelente 72 – Taggecko 38 – Tagschläfer 120, 121 – Tahr 275 – Himalaja- 26 – Takahe 98, 99 – Takin 275 – Talegalla 89 – Tamandua 170, 172 – Tamarau 257 – Tamarin 14, 153 – Tangare 129 – Tannenäher 26 – Tapir 14, 44, 137, 230, 231 – Mittelamerikanischer 231 – Taube 47, 112 – Taucher 22, 47 – Tayra 187 – Teichhuhn 98 – Teufel, Tasmanischer 143 – Thermometerhuhn 89 – Thorshühnchen 28 – Tiger 8, 16, 209, 210 – Sibirischer 210 – Tokee 40 – Toko 125 – Tölpel 56, 110 – Tonkinstumpfnase 162 – Tordalk 111 – Totenkopfäffchen 155 – Trampeltier 244, 246 – Trappe 104 – Arabische 104 – Australische 104 – Indische 104 – Trauerente 73 – Trauerseeschwalbe 109 – Trauertaube 112 – Triel 107 – Trogon 122, 123 – Trompeter, Weißflügel- 104 – Trompetervogel 104 – Tropfenschildkröte 33 – Tropikvogel 56 – Trottellumme 110 – Truthahn 96, 97 – Truthahngeier 76 –

Truthuhn, Wildes 96 – Tukan 14, 126, 127 – Tukotuko 179 – Tümmler 181 – Großer 183 – Tüpfelhyäne 18, 196, 197 – Turako 116, 117 – Turmfalke 84, 86 – Turteltaube 112 –

Uakari 155 – Roter 155 – Uferschnepfe, Schwarzschwänzige 106 – Uhu 118 – Ur 260 – Urpferdchen 227 – Urson 177

Vampir 146 – Vari 148 – Vielfraß 28, 184, 186 – Vierhornantilope 262, 263 – Vikunja 244, 247

Wachtel 92 – Wachtelkönig 98 – Waldantilope 272 – Waldbock 262 – Waldelefant 223 – Waldgiraffe 254 – Waldhund 200 – Waldkauz 24, 118 – Waldmaus 179 – Waldohreule 118 – Waldrapp 66 – Waldschnepfe 106 – Waldschwein 238 – Walroß 28, 214, 215 – Walvogel 55 – Wanderalbatros 54 – Wanderfalke 84, 85, 86 – Wanderratte 179 – Warzenschwein 237, 238 – Waschbär 22, 190 – Wasseramsel 133 – Wasserbock 266, 268 – Defassa- 268 – Litschi- 268 – Wasserbüffel 256, 257 – Wasserhirsch 253 – Wasserhuhn 99 – Wassermolch 8 – Wasserralle 99 – Wasserratte 179, 187 – Wasserreh 252 – Wasserschlange 44 – Wasserschwein 44, 176 – Wasserspitzmaus 144, 145 – Wassertreter 28 – Watussirind 259 – Webervogel 18, 134, 135 – Weichschildkröte, Dornrand- 33 – Weidenmeise 135 – Weißbartlangur 162 – Weißbartpekari 239 – Weißborstengürteltier 172 – Weißbüschelaffchen 153 – Weißkopfsaki 155 – Weißkopfseeadler 22, 82 – Weißmantelstumpfnase 162 – Weißrüsselbär 191 – Weißschwanzgnu 268 – Weißseitendelphin 183 – Weißstorch 64, 65 – Weißwal 182 – Weißwedelhirsch 22 – Weka-Ralle 98, 99 – Wendehals 127 – Wespen 86 – Wespenbus-

sard 86, 87 – Wickelbär 191 – Wiedehopf 124 – Wiesel 187, 188 – Wieselkatze 212 – Wieselmaki, Kleiner 151 – Wildente 74 – Wildesel 226, 228 – Afrikanischer 229 – Asiatischer 229 – Nubischer 229 – Somali- 28 – Wildhund, Afrikanischer 200, 202, 203, 220, 221, 223 – Australischer 205 – Wildkaninchen 217 – Wildkatze 8, 24 – Europäische 212 – Wildpferd 227 – Wildschaf 20, 274, 276, 277 – Altai- 277 – Wildschwein 219, 236, 237, 238 – Wisent 24, 261 – Witwe 135 – Witwenaffe 155 – Witwenpfeifgans 71 – Wolf 8, 24, 28, 186, 200, 201, 202, 275 – Wollaffe 152, 155 – Wüstenfuchs 12, 200 – Wüstenigel 145 – Wüstenkatze 213 – Wüstenluchs 213 – Wüstenspringmaus 20 – Wüstensteinschmätzer 20 – Wüstentrompeter 20

Yak 26, 257, 258

Zaunkönig 133 – Zebra 13, 18, 197, 201, 226, 227, 255 – Chapman- 227 – Grévy- 227 – Zebraducker 272 – Zebramanguste 199 – Zebu 257 – Zibetkatze 198, 199 – Afrika- 198, 199 – Ziege 274, 276 – Ziegenmelker 120, 121 – Flaggenflügel- 120 – Ziesel 178 – Zobel 188 – Zorilla 189 – Zügelpinguin 53 – Zügeltrogon 123 – Zweifingerfaultier 14, 171 – Zwergadler 81 – Zwergameisenbär 171 – Zwergara 115 – Zwergdommel 61 – Zwergfledermaus 146, 147 – Zwergflußpferd 240, 242, 243 – Zwergglattwal 182 – Zwerggleitbeutler 143 – Zwerghirsch 248 – Zwergichneumon 18 – Zwergmaus 179 – Zwergmeerkatze 159 – Zwergpinguin 52 – Zwergpottwal 182 – Zwergratte 179 – Zwergschwalm 120 – Zwergschwan 71 – Zwergseidenäffchen 152 – Zwergtaucher 51 – Zwergtrappe 104 – Zwergwachtel, Chinesische 93 – Zwergwal 181 – Zwergwildschwein 238

Bibliographie zu den Gedichten und Auszügen

6 Joachim Ringelnatz, „Dickhäuter"; aus: Joachim Ringelnatz, Werke; Karl H. Henssel Verlag, Berlin o. J.
35, 38 Pablo Neruda, „Einige Tiere" (Auszug); aus: Pablo Neruda, Erklärung einiger Dinge, Dichtungen, dtv 1971, Lizenzausgabe des Luchterhandverlags, Neuwied am Rhein, Berlin Spandau.
62 Harry Martinson, „Der Reiher" (Auszug); aus: Harry Martinson, Gedichte; Bergland Verlag, Wien 1962.
74 Oldřich Mikulášek, „Wildenten" (Auszug); aus: Linde und Mohn; Verlag Glock und Lutz, Nürnberg 1964.
76 Pablo Neruda, „Die Vögel erscheinen" (Auszug); aus: Pablo Neruda, Erklärung einiger Dinge... a.a.O.
85 Maria Luisa Spaziani, „Poesie" (Auszug); aus: Panorama moderner Lyrik, hrsg. von Günther Steinbrinker in Zusammenarbeit mit Rudolf Hartung; Sigbert Mohn Verlag, 1960.
87 Klaus Rahn, „nikolaus lenau" (Auszug); aus: Vogelbühne, Gedichte im Dialog, hrsg. von Dorothea von Thörne, Verlag der Nation Berlin, Berlin 1982.
131 Max Dauthendey, „Die Amseln haben Sonne getrunken" (Auszug); aus: Edgar Neis, Deutsche Tiergedichte, Interpretationen motivgleicher Gedichte in Themengruppen, Band 9, C. Bange Verlag, Hollfeld/Obfr. 1976.
158 Ricarda Huch, „Affengesang" (Auszug); zit. n.: Kommt Kinder, wischt die Augen aus, es gibt hier was zu sehen, Kindergedichte gesammelt von Herbert Heckmann und Michael Krüger, Lizenzausgabe als Ravensburger Taschenbuch, 1991.
183 Peter Huchel, „Delphine" (Auszug); aus: Peter Huchel, Gesammelte Werke in zwei Bänden, hrsg. von Axel Vieregg, Band I. Die Gedichte; Suhrkamp Verlag, Frankfurt/Main 1984.
186 Pablo Neruda, „Einige Tiere" (Auszug); aus: Pablo Neruda, Erklärung einiger Dinge... a.a.O.
188 Matteo Maria Bojardo, „Das Hermelin" (Auszug); aus: Die stumme Kreatur, hrsg. von Siegfried Freiberg; Bläschke Verlag, 1980.
193 Joachim Heinrich Campe, „Der Bär und die Bienen" (Auszug); zit. n.: Kommt Kinder... a.a.O.
204 Friedrich von Hagedorn, „Der Rabe und der Fuchs" (Auszug); zit. n.: Kommt Kinder... a.a.O.
210 Hans Henny Jahnn, „Norwegisches Tagebuch" (Auszug); aus: Hans Henny Jahnn, Werke und Tagebücher in sieben Bänden; Hoffmann und Campe, Hamburg 1974.
228 Sergej Jessenin, „Die Pferde" (Auszug); aus: Der Glockenturm. Russische Verse und Prosa; Scientia AG, Zürich 1940.
233, 234 Eugène Ionesco, „Die Nashörner" (Auszug); Luchterhandverlag Neuwied am Rhein, Berlin Spandau 1960.
236 Anna Kalandadse, „Nino kam durch die Berge" (Auszug); aus: Neue Poesie aus Georgien, hrsg. von Martin Buchhorn, Felicitas Frischmuth, Ludwig Härig; Saarbrücker Druckerei und Verlag, Saarbrücken 1978.
242 Charles Marie Leconte de Lisle, „Die Elefanten" (Auszug); aus: Die Lyra des Orpheus; Zsolnay Verlag, Wien 1952.
249 Peter Huchel, „Widmung für Ernst Bloch" (Auszug); aus: Peter Huchel, Gesammelte Werke... a.a.O.
250 Justinas Marcinkevičius, „Der Elch" (Auszug); aus: Justinas Marcinkevičius, Auf der Erde geht ein Volk; Verlag Volk und Welt, Berlin 1969.
252 William Butler Yeats, „Der Indianer und Gott" (Auszug); aus: Lyrik des Abendlands, gemeinsam mit Hans Hennecke, Curt Hohoff und Karl Vossler ausgewählt von Georg Britting; Carl Hanser Verlag, München 1953.
260 Carl Sandburg, „Büffel-Dämmerung" (Auszug), aus: Carl Sandburg, Guten Morgen, Amerika; Helbig, München 1948.
274 Christian Morgenstern, „Bergziegen" (Auszug); aus: Christian Morgenstern, Gesammelte Werke in 1 Band, hrsg. von Margareta Morgenstern; Piper Verlag, München 1965.

Inhaltsverzeichnis

8	Säugetiere, Vögel und Reptilien
10	Stammbaum der Tiere
12	Die Tiere in ihren Lebensräumen
14	Die großen Lebensräume

30 Die Reptilien
- 32 Schildkröten
- 34 Krokodile, Alligatoren und Gaviale
- 38 Eidechsen, Leguane und Chamäleons
- 42 Schlangen

46 Die Vögel
- 48 Strauße, Kiwis und Steißhühner
- 50 Lappentaucher und Seetaucher
- 52 Pinguine
- 54 Albatrosse und Sturmvögel
- 56 Pelikane, Kormorane, Tölpel und Fregattvögel
- 60 Reiher
- 64 Störche, Ibisse, Löffler und Flamingos
- 70 Gänse, Schwäne und Enten
- 77 Geier
- 80 Adler
- 84 Falken, Bussarde und Sperber
- 88 Großfußhühner, Hokkos und Schakuhühner
- 90 Rauhfußhühner und Schneehühner
- 92 Rebhühner und Wachteln
- 94 Fasane, Satyrhühner und Kammhühner
- 96 Truthähne und Perlhühner
- 98 Rallen und Teichhühner
- 100 Kraniche
- 104 Trappen, Seriemas, Trompetervögel, Rallenkraniche
- 106 Limikolen
- 108 Möwen, Seeschwalben und Raubmöwen
- 110 Lummen, Tölpel und Papageitaucher
- 112 Tauben, Turteltauben und Flughühner
- 114 Papageien
- 116 Kuckucke, Turakos und Hoazins
- 118 Eulen und Käuze
- 120 Schwalme, Nachtschwalben und Tagschläfer
- 122 Segler, Kolibris und Trogone
- 124 Nashornvögel, Wiedehopfe
- 126 Tukane, Spechte und Bartvögel
- 128 Sperlingsvögel

136 Die Säugetiere
- 138 Ameisenigel und Schnabeltiere
- 140 Kängurus und andere Beuteltiere
- 144 Insektenesser
- 146 Fledermäuse
- 148 Lemuren, Loris und Fingertiere
- 152 Amerikanische Affen
- 156 Paviane, Makaken und Meerkatzen

160	Stummelaffen, Nasenaffen und Languren
165	Gibbons und Siamangs
167	Menschenaffen
170	Zahnlose und Schuppentiere
174	Nagetiere
180	Wale und Delphine
184	Vielfraße, Ottern, Dachse und Marder
190	Waschbären, Nasenbären, Potos und Katzenbären
192	Bären
196	Hyänen und Erdwölfe
198	Ginsterkatzen, Zibetkatzen und Mungos
200	Wölfe, Hunde, Schakale und Füchse
206	Raubkatzen
214	Seehunde, Ohrenrobben und Walrosse
216	Hasen, Kaninchen und Pfeifhasen
218	Erdferkel und Schliefer
220	Elefanten
224	Dugongs und Manatis
226	Pferde, Zebras und Wildesel
230	Tapire
232	Nashörner
236	Wildschweine und Pekaris
240	Flußpferde
244	Kamele und Lamas
248	Hirsche, Rehe und Hirschferkel
254	Giraffen und Okapis
256	Büffel, Wasserbüffel und Bisons
262	Elenantilopen, Kudus, Nyalas, Nilgauantilopen
266	Pferdeböcke, Kuhantilopen und Wasserböcke
270	Gazellen, Antilopen und Ducker
274	Ziegen, Wildschafe und Moschusochsen

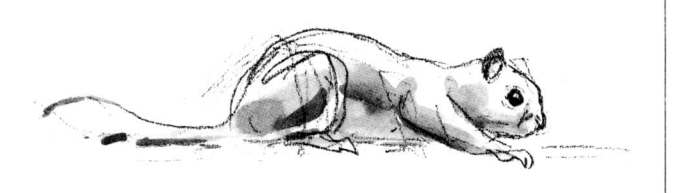

Verzeichnis der Illustrationen

Eric Alibert 110–111; 116–117; 124–127. **Christian Broutin** 140–141. **Denis Clavreul** 8–13; 30–31; 46–47; 136–137. **Jean Chevallier** 48–51; 54–59; 98–99; 106–109; 120–121; 144–147; 170–179; 184–191; 198–199; 216–219. **Gismonde Curiace** 138–139. **François Desbordes** 7; 14–29; 52–53; 80–83; 88–89; 114–115; 128–135; 148–151; 180–183; 192–195; 196–197; 224–225. **Christian Heinrich** 32–45; 214–215; 220–223; 232–235; 240–243; 254–261. **Gilbert Houbre** 60–63; 100–105; 164–169. **Pierre de Hugo** 226–229. **Guy Michel** 142–143; 152–163. **Jeane Montano-Meunier** 244–247; 274–277. **Sylvaine Pérols** 10–11 (Karten). **Philippe Vanardois** 64–79; 84–87; 90–97; 112–113; 122–123; 200–213; 230–231; 236–239; 248–253; 262–273.